AF453831

FORGES DE LA GRÉSINHE

PARIS. — TYPOGRAPHIE DE CH. MEYRUEIS ET Cie

RUE DES GRÈS, 11

LES FORGES

DE

LA GRÉSINHE

PAR

J.-P. LAFON

PARIS

LIBRAIRIE DE CH. MEYRUEIS ET Cie

RUE DE RIVOLI, 174

—

1862

FORGES DE LA GRÉSINHE

I

Les œuvres de Dieu sont magnifiques! non-seulement lorsqu'il leur donne cette abondance et cette fertilité qui en font autant de bienfaits pour ses créatures terrestres, mais même lorsqu'il leur laisse le caractère primitif de grandeur sauvage, que l'on admire dans quelques-unes des scènes de la nature.

Dieu est grand dans toutes ses œuvres.

Et l'œil de l'homme, qu'il se repose avec reconnaissance sur la plaine couverte d'une riche moisson, ou qu'il s'élève avec la montagne chargée de forêts et dont le sommet escarpé se confond avec les nuages; qu'il se promène sur le fleuve dont les flots soumis vont porter d'une ville à l'autre les produits multipliés de l'industrie, ou qu'il s'arrête sur le torrent écumeux qui se précipite entre les rochers, sur la cascade qui suspend dans les airs sa masse limpide et retombe en gouttes d'argent; l'œil de l'homme est saisi d'admiration et jouit d'un spectacle qui crie hautement à toute la terre, la gloire de son auteur.

Oui, les œuvres de Dieu sont magnifiques!

Quand, dans une calme soirée d'automne, sous le beau ciel du midi de la France, dans cette zone qui s'étend de Bordeaux à Orthez au couchant, jusqu'à Briançon et Draguignan à l'est, renfermant tant de villes, tant de rivières, tant de plaines, tant de montagnes, on s'arrête sur le penchant d'une colline ayant sur sa tête quelque chêne touffu, à ses pieds quelque ruisseau qui murmure, et que l'on regarde le ciel et la terre, le ciel et la terre prennent une voix pour parler à l'âme, pour lui parler de Dieu.

Comment l'homme peut-il être sensible aux beautés de la nature sans être religieux?

C'est un phénomène inexplicable!

Et cependant, même dans ces belles contrées dont nous parlons, sous ces chauds rayons du soleil du Midi, dans ces villes où les populations vivent en dehors de leur demeure et vivent matériellement mieux que partout ailleurs; dans ces campagnes où tout est enchantement, où vivre c'est jouir, où voir c'est admirer, où respirer devient une volupté pure, tant l'air est doux et tant la terre est parfumée..... que de créatures humaines vivent loin de Dieu!

Il y a quelques années, un voyageur déjà parvenu à cette époque de la vie où les pensées deviennent plus sérieuses et les mouvements du

corps plus lents, suivait le chemin qui de Toulouse, la capitale du Languedoc, surnommée, dès
les temps anciens, *la Savante,* conduit à la jolie
ville plus moderne de Montauban.

Il marchait s'appuyant sur une forte canne, assez pour faire penser que ce secours ne lui était
pas inutile.

Tout son extérieur annonçait un homme grave,
mais en même temps un homme riche.

Il avait quitté Toulouse le matin même.

Un accident arrivé à sa voiture l'avait forcé de
s'arrêter dans un village, et de la confier aux soins
d'un ouvrier, sans doute peu habile, mais certainement peu expéditif.

Après avoir attendu quelques instants, voyant
que l'ouvrage n'avançait pas au gré de son impa-
tience, et engagé d'ailleurs par la beauté du temps,
il avait continué sa route à pied, recommandant à
l'unique domestique qui l'accompagnait de pres-
ser le travail et de le rejoindre le plus tôt possible.

La route que suivait le voyageur n'était pas la
route ordinaire.

Celle-ci traverse la vaste plaine de Grisole où
les champs de blé succèdent aux champs de blé
aussi loin que l'œil peut s'étendre, comme les
vagues succèdent aux vagues dans l'immensité de
l'Océan.

L'autre, que le voyageur avait prise, suit une
chaîne de collines qui forment comme la base d'un
triangle dont la Garonne et le Tarn sont les côtés,

et dont le sommet se trouve au confluent des deux rivières..... Riche delta où Dieu a répandu en abondance toutes ses bénédictions.

Cette route, moins facile que la première, a l'avantage d'être plus courte, plus variée, plus solitaire.

Abandonnée par les diligences et les chaises de poste, les piétons et les cavaliers la préfèrent.

Notre voyageur, lui aussi, l'avait préférée, précisément à cause de ce que d'autres regardent comme de graves inconvénients : les montées et les descentes, les ruisseaux à franchir, les bois à traverser.

C'était un homme qui admirait avec passion les beautés d'une nature un peu sauvage, et quand il pouvait rencontrer un paysage où rien ne trahissait les travaux des hommes, mais où tout révélait la main de Dieu, il s'arrêtait, saisi d'une admiration respectueuse.

C'est dans un de ces moments d'extase, à la sortie d'un bois, sur le sommet d'une haute colline, qu'il fut rejoint par sa voiture.

— Si Monsieur voulait monter, lui dit le domestique à cheveux blancs qui la conduisait, nous réparerions le temps perdu et nous franchirions rapidement la distance qui nous sépare encore de Montauban, où Monsieur veut s'arrêter sans doute pour déjeuner. Quant aux chevaux, pauvres bêtes ! ils ont si bien profité du repos que nous avons été forcés de leur donner, qu'ils ne demandent pas mieux que de continuer leur route, et.....

— Jacob, mon bon Jacob, dit son maître, tout ici ne te parle-t-il pas de Dieu? Quelle puissance! quelle sagesse! quelle bonté dans cette admirable création! Quand, à la sortie de ce bois, après cette montée un peu rude qui m'avait fait regretter l'absence de la voiture, je me suis trouvé tout à coup en face de ce magnifique tableau..... Vois, Jacob, cette rivière qui se déroule comme un ruban blanc dans la plaine, ces hautes collines qui nous entourent, cette vallée sombre encore qui dort à nos pieds, et ces ruines si chaudement éclairées par le soleil qu'elles semblent se dresser devant nous pour nous dire ce que sont les œuvres de l'homme à côté de l'œuvre de Dieu..... Va, je n'ai plus pensé à la fatigue, et j'étais si heureux au sein de cette belle nature,.... Ta voix m'a réveillé!

Une certaine hésitation se lut un instant sur les traits du vieux domestique. Il baissa les yeux; mais les relevant tout à coup :

— Monsieur, dit-il, j'ai servi votre père et je vous ai reçu tout petit dans mes bras le jour même de votre naissance, il y a bientôt cinquante années, et je ne vous ai jamais quitté, Monsieur, nous avons vu ensemble de bons et de mauvais jours. Vous êtes tout pour moi sur cette terre, vous m'avez traité comme votre égal plutôt que comme un domestique, vous m'avez fait participer à votre fortune, si bien que le vieux Jacob est riche, riche à être envié de tous..... Quand, dans cette demeure que vous me permettez d'appeler *nôtre*, Monsieur, Jacob regarde autour de lui, tout lui parle de votre puissance, de votre sagesse, de votre bonté. Mais en jouissant de vos dons et de votre richesse, le vieux Jacob serait une malheureuse créature s'il ne savait pas qu'il possède une chose bien plus précieuse, *votre affection, l'affection* de son maître..... Je veux dire, Monsieur, qu'on ne peut être heureux même au milieu des plus magnifiques scènes de la nature, si l'on ne connaît pas l'amour de Dieu pour ses enfants.

Parlant ainsi, du ton calme et grave qui lui était ordinaire, le vieux Jacob descendit de son siége, et en ayant l'air de remettre au harnais d'un cheval une boucle qui n'était pas dérangée, il essuya une larme qui coulait sur sa joue vénérable.

Le voyageur ne répondit pas.

Il prit sa place dans la voiture, et les chevaux, avertis par la voix de leur conducteur, descendirent rapidement la montagne.

Une heure s'écoula silencieuse, et les roues résonnèrent sur le pavé des faubourgs de Montauban.

II

Sur l'extrême limite du département de Tarn-et-Garonne, dans les contrées qui touchent et qui entament les départements du Tarn et de l'Aveyron, se cache un pays peu connu des voyageurs et des naturalistes, mais qui cependant mériterait l'attention des uns comme des autres.

Les rêveurs et les poëtes y trouveraient aussi de quoi satisfaire leurs besoins et leurs goûts.

Des rochers escarpés, des grottes profondes, des mines de fer, des eaux qui se précipitent, une forêt impénétrable, des sangliers, des loups, de vieilles légendes, des récits effrayants, de magnifiques points de vue..... On se croirait à mille lieues et à mille siècles de toute civilisation, et l'on est à peine à dix lieues de Cahors et à huit lieues de Montauban.

Qu'on fasse un pas, que l'on traverse quelques landes, que l'on franchisse quelques hautes collines, et l'industrie est là avec ses riches campagnes, ses routes frayées, ses villes somptueuses, ses fleuves, ses canaux et ses populations qui se pressent et qui s'agitent.

Le soir du jour où nous avons vu notre voyageur entrant à Montauban, à cette heure où le soleil, s'abaissant à l'horizon, laisse après lui de longues traînées lumineuses qui donnent à toutes les scènes de la nature un plus pittoresque aspect; heure aimée par tous, parce qu'elle est pour tous, pour le pauvre et pour le riche, le temps du rafraîchissement et du repos; mais particulièrement aimée par les âmes pieuses, qui dans ce moment semblent être invitées à la prière par toutes les voix de la terre et du ciel; deux jeunes gens s'étaient arrêtés sur le haut d'une de ces fortes collines, qu'on pourrait presque appeler des montagnes, à la base desquelles les eaux limpides de l'Aveyron se promènent en formant mille détours.

A leur droite, la forêt de Grésinhe s'étendait, comme la ville éternelle, sur sept collines qu'elle couvrait de ses ombres, cachant dans la profondeur de ses vallées ces retraites inaccessibles où, du temps de l'empire, les conscrits réfractaires des contrées environnantes bravaient les lois et les gendarmes de Napoléon.

En face d'eux, une énorme masse de roches noires, servant de demeure à des multitudes de corbeaux et de vautours, et que l'aigle même ne dédaigne pas quelquefois d'habiter, semblait descendue des nuages ou avoir été jetée là par quelque géant.

Et si leur vue, fatiguée de l'aspect de ces noirs rochers, suivait les sinuosités de l'étroite et fraîche vallée où coule l'Aveyron, ils pouvaient apercevoir à quelques kilomètres de distance; et au centre même de la vallée qui s'élargit en bassin comme pour lui faire place, la petite et blanche ville de Pennes, assise sur son rocher en pain de sucre et tirant peut-être son nom de sa position aérienne, qui lui donne en effet l'air d'une plume que le vent vient tout à l'heure d'enlever.

A quelques pas de ces jeunes hommes, dont le costume, les manières, le langage, annonçaient qu'ils appartenaient à ce que le monde appelle *la classe privilégiée*, une jeune fille, ou plutôt une enfant, à moitié cachée par le tronc d'un arbre, semblait épier leurs discours et prendre un malicieux plaisir à avoir ainsi sa part d'une confidence qui ne lui était pas destinée.

— Louise est une chère et charmante enfant, dit comme continuant la conversation un des jeunes gens qui l'avait aperçue; mais elle a deux vilains défauts qui la déparent. Elle est hardie et curieuse: hardie, car elle court jusqu'au soir toute seule sur les montagnes, et curieuse, car elle se cache derrière un arbre pour écouter ce que disent ses frères.

— Je ne suis pas hardie, s'écria Louise en s'approchant, les joues couvertes d'une vive rougeur; car je commençais à avoir peur, et j'ai été bien heureuse de vous rencontrer, quoique après tout il y a peu de dangers pour moi sur ces montagnes. Quant à curieuse, je ne dis pas, ajouta-t-elle avec gaieté; depuis l'aventure de nos premiers parents, on sait que toute fille d'Eve.....

— Louise, dit avec un ton de gravité tempérée par beaucoup de douceur et d'affection celui des deux jeunes gens qui n'avait pas encore parlé; Louise, mon enfant, ne plaisante jamais avec les histoires de la Bible, car la Bible, vois-tu, c'est le livre de Dieu. Tu ne rirais pas sans doute d'une parole de notre père bien-aimé; quand il parle, tu l'écoutes avec sérieux et affection, et Dieu n'est-il pas bien plus grand que notre père?

— Oh! s'écria-t-elle en baissant les yeux d'un air moitié confus, moitié boudeur, il faut avouer que je suis une pauvre enfant bien malheureuse; je viens à votre rencontre, méchants, et à peine suis-je arrivée, que M. Charles me dit des injures et que M. Edouard me fait un sermon..... Je ne sais vraiment pas pourquoi je vous aime..... Mais que vois-je sur le chemin du bord de l'eau? ajouta-t-elle en s'appuyant vivement sur le bras de ses deux frères et en se penchant sur la vallée; n'est-ce pas..... Oui, sûrement, c'est une voiture !

Les yeux des jeunes gens suivirent la direction des regards de la jeune fille, et tandis que leurs bras se serraient autour d'elle avec une affection presque paternelle pour la retenir, ils reconnurent qu'en effet une voiture, qui était encore à une grande distance, s'avançait au travers des vastes prairies de la vallée.

Le chemin du bord de l'eau qu'elle suivait semblait un ruban blanc capricieusement déroulé le long de la rivière; mais ce ruban très visible au loin, à l'endroit où se trouvait encore la voiture, se perdait, en se rapprochant du pied de la colline, sous une épaisse masse de vapeurs qui, depuis quelques instants, sortaient avec les eaux de l'Aveyron des ombrages de la Grésinhe, et semblait vouloir remplir toute la vallée déjà plongée dans une profonde obscurité.

Les oiseaux qui volaient autour de la roche noire se hâtèrent de gagner leur retraite avant d'être atteints par les vagues de cette mer de vapeur, et les deux jeunes gens éloignèrent leur sœur de l'abîme.

— Oh! mon Dieu! dit-elle presque effrayée, que serais-je devenue si je ne vous avais pas rencontrés?

— Ne dis pas : *Mon Dieu!* ma Louise, lui dit Edouard en se penchant doucement vers elle; à moins que ce ne soit pour l'invoquer ou lui rendre grâce; tu sais bien qu'il nous a défendu lui-même de prendre son nom en vain.

Louise pressa le bras de son frère comme pour lui dire : Merci, et tourna son joli visage vers Charles, qui lui montra la voiture qu'ils venaient d'apercevoir.

On la voyait alors distinctement parcourir la partie encore éclairée de la vallée et s'avancer, aussi rapidement que le permettaient les difficultés d'un chemin peu fréquenté et coupé de nombreux ruisseaux, vers la masse de vapeurs qui, poussée par le vent du soir, semblait venir à sa rencontre.

— Ceux qui sont dans cette voiture, dit Charles, reconnaîtront difficilement leur route quand ils auront atteint la forêt. Il est inconcevable qu'on s'engage, à une heure aussi avancée, dans un pareil chemin. Sans partager le préjugé populaire qui dit que la *Grésinhe fume* pour annoncer quelque malheur, on peut craindre qu'*en fumant* elle ne les cause, et pour opposer mon génie bienfaisant au génie malfaisant de la forêt, je vais prendre les devants et envoyer des domestiques avec des torches, pour éclairer ce malencontreux voyageur.

La nuit était alors tout à fait venue, même sur la colline.

Louise, qui ne se trouvait pas trop bien gardée en ayant un de ses frères de chaque côté de son corps, et qui, en général prudent, ne voulait pas laisser découvrir une de ses ailes, dit qu'il était parfaitement inutile de se séparer pour cela; qu'elle défiait qui que ce fût de prendre les devants sur elle, et qu'il n'y avait qu'à courir tous les trois vers la maison. Et, ce disant, elle s'élança, entraînant ses frères, qui cédèrent gaiement à l'impulsion, soulevant à demi leur jeune compagne, dont les pieds légers rasaient à peine la terre, et, tous les trois riant et causant, descendirent rapidement la montagne et se perdirent bientôt dans les ombres de la forêt.

La forêt de la Grésinhe est, sinon par son étendue, du moins par la variété du terrain qu'elle couvre et la respectable vieillesse des arbres qui la composent, une des plus belles de toute la France,

On dirait, à certains endroits, ces forêts vierges de l'Amérique où les générations d'arbres ont succédé aux générations d'arbres depuis les premiers âges du monde.

La Grésinhe a ses hautes collines, du sommet desquelles l'œil n'aperçoit qu'une mer de verdure qui étend ses ondulations jusqu'à l'horizon le plus éloigné.

Elle a ses vallées où, depuis des siècles, le lierre, la vigne sauvage et des milliers d'arbustes et de plantes rampantes se croisent et s'entrelacent aux rameaux noueux des chênes et des ormeaux.

Si vous vous enfonciez dans ses profondeurs, vous pourriez y découvrir des sites aussi inconnus que les îles de la Polynésie.

Si vous y poussiez un cri, vous éveilleriez des échos qui n'ont répété depuis des siècles que les grognements du sanglier farouche ou les aboiements des renards.

Le point par lequel Louise et ses frères étaient entrés dans la forêt n'avait point cet aspect sauvage.

C'était bien toujours la forêt ; mais, s'il est permis de s'exprimer ainsi, c'était la forêt civilisée.

Les traces de l'homme se retrouvaient partout.

Les grands et beaux arbres étaient là, abritant le sol de leurs voûtes de feuillage, mais laissant entre leurs troncs gigantesques des intervalles où l'air, la lumière et l'homme pouvaient librement circuler.

La vue, quand le soleil versait ses rayons sur les arbres de la forêt, pouvait s'étendre assez loin sous leur ombrage; et nous dirions, si nous ne craignions d'être accusé de rapetisser les œuvres de Dieu en les comparant aux ouvrages des hommes, qu'une église du moyen âge, avec ses innombrables piliers, ses voûtes sonores, ses dômes élevés, ses arêtes suspendues, ses sombres arceaux, son jour mystérieux, sa majesté imposante, peut donner une assez juste idée de l'aspect général de cette partie de la forêt.

Les jeunes gens suivaient une longue avenue qui n'avait pas été plantée par la main des hommes, mais que la main des hommes avait percée entre des arbres dès longtemps plantés par la main de Dieu.

Le silence de la forêt n'était troublé que par le bruit de leurs pas sur les feuilles tombées, ou par quelque léger cri que poussait Louise, lorsqu'un oiseau effrayé par leur marche rapide les effleurait de son aile, en allant chercher un asile sur quelque arbre plus éloigné.

Malgré l'obscurité profonde au sein de laquelle ils se trouvaient, ils marchaient sans hésiter, comme des personnes qui connaissent parfaitement leur chemin.

Un peu de lumière pénétra bientôt sous la voûte

de feuillage, et, quand ils eurent fait quelques pas
encore, les arbres semblèrent s'éloigner à droite
et à gauche.

Les étoiles brillèrent sur le bleu du ciel, et ils
se trouvèrent à l'entrée d'une vaste clairière, au
centre de laquelle un château ou plutôt une splen-
dide maison moderne semblait s'élever comme par
enchantement.

Une grille de fer à lances dorées, cédant facilement à la pression de la main de Charles, leur per-
mit d'avancer jusqu'au bâtiment principal.

Un homme qui paraissait avoir atteint le milieu
probable de la vie humaine était là, entouré de domestiques auxquels il donnait des ordres, tandis
qu'une seconde avenue, qui faisait face à la maison
et formait un angle droit avec celle que les jeunes
gens avait parcourue, était vivement éclairée par
des torches portées par plusieurs hommes à cheval
qui s'éloignaient.

— Mon père a prévenu nos désirs, dit Charles
en suivant du regard, sous les arbres de l'avenue,
les reflets de la lumière qui s'affaiblissait de plus
en plus, les voyageurs égarés reposeront cette
nuit dans un gîte plus agréable que les gouffres de
l'Aveyron ou les fondrières de la route. Ils pourront remercier l'homme charitable, ou, ajouta-t-il
avec une légère expression d'ironie, comme dirait
Edouard, celui qui mit au cœur de l'homme la
charité.

— J'attends votre oncle aujourd'hui même, dit
le père de famille souriant à ses enfants. Mais,

Louise, s'écria-t-il en la serrant dans ses bras, va vite rassurer ta mère et tes sœurs qui s'inquiètent; va donc, méchante petite fille !

Louise s'élança dans la maison.

— J'attends donc votre oncle aujourd'hui. Je le connais assez pour avoir la certitude qu'il aura pris le chemin du bord de l'eau, par horreur pour cette belle route départementale qu'il a eu tant de peine à obtenir, mais qu'il trouve trop facile et trop uniforme, quoiqu'elle ait, à mon grand regret, assez de montées et de descentes pour contenter des gens moins difficiles. J'ai appris, par quelques ouvriers venus des forges, que la Grésinhe *fumait* ce soir. Alors j'ai envoyé quelques hommes à cheval, pensant que le secours de leurs bras et la lumière de leurs torches pourraient être utiles à l'aventureux voyageur.

— Et tu as supérieurement pensé, père, dit Charles; car mon oncle s'est en effet engagé dans le chemin du bord de l'eau, au milieu des plus épaisses vapeurs de la Grésinhe. Nous avons vu sa voiture du haut de la colline et sans nous douter que c'était lui, que nous n'espérions pas voir sitôt; nous venions en toute hâte pour envoyer des secours au voyageur en danger; car, pour tout autre cocher que le vieux Jacob, il y aurait là un danger véritable.

— Et comme il pourrait y en avoir même pour le vieux Jacob, interrompit Edouard, malgré sa prudence et son habileté que nul ne conteste; comme il pourrait y en avoir pour notre cher oncle, nous n'avons rien de mieux à faire, Charles, avec l'agrément de notre père, que de monter à cheval et de nous assurer par nous-mêmes que les secours sont arrivés à temps.

Des chevaux furent amenés, et les deux jeunes gens leur firent prendre une telle allure que l'on put raisonnablement penser qu'ils ne tarderaient pas à rejoindre les domestiques partis avant eux.

III

La maison de *Bolbec frères et fils* jouissait d'un crédit illimité sur toutes les places de l'Europe. La sagesse de ses chefs, leur haute intelligence des affaires, leur exacte probité, leur générosité bien connue, les grandes entreprises qu'ils avaient fondées et, plus que tout cela, la réussite, le succès de leurs spéculations, les millions qu'ils avaient ajoutés à leur fortune héréditaire déjà considérable, donnaient à leur maison tout ce que peut désirer une maison de commerce : la confiance ; et cette confiance était telle que nous ne dirons pas trop en assurant qu'il n'y avait pas un seul banquier en France qui n'eût vidé, sans hésiter, ses coffres devant ces simples mots : *de Bolbec frères et fils.*

Les MM. de Bolbec s'étaient toujours tendrement aimés ; et comme Pierre de Bolbec, le moins âgé des deux, ne s'était pas marié, par suite de quelques idées systématiques qu'il avait sur le mariage, il s'était identifié à la famille de son frère, de telle sorte que quelquefois, disait-il lui-même, il devait se demander si cette famille n'était pas la

sienne propre, et si son frère avait à la tendresse
de chacun de ses membres quelque titre que lui-
même ne possédait pas.

Restés, bien jeunes encore, à la tête de la maison florissante de leur père, ils l'avaient rendue
plus florissante encore; et après quelques brillantes spéculations commerciales qui les avaient
faits dix fois millionnaires, ils étaient venus fonder,
peut-être plus encore par goût que par spéculation, cet établissement de la Grésinhe où nous
sommes venus les visiter.

Le corps d'habitation où nous avons vu entrer
Louise occupait tout un des côtés d'un immense
parallélogramme formé par des bâtiments de service et d'exploitation agricole.

C'était, nous l'avons dit, une maison moderne
plutôt qu'un château; mais une maison digne de
figurer au premier rang parmi les plus belles maisons d'une grande ville, si l'on pouvait avoir, au
sein d'une grande ville, un espace sans limites
obligées et le magnifique encadrement d'une forêt
séculaire.

Il suffira de dire, pour éviter les descriptions,
que tout ce que l'on peut faire de magnificence,
d'agrément et de confort avec de l'intelligence,
du goût et de l'or jeté comme par brassées, on
l'avait fait.

Des jardins, qui reculaient presque à quelques
kilomètres les limites de la forêt, s'étendaient au-
devant de la façade de la maison opposée à celle
de la cour, et des eaux claires et fraîches que four-

nissaient en abondance l'Aveyron et les montagnes voisines, faisaient de cette habitation solitaire un séjour délicieux.

Une troisième percée faite dans la forêt, en face de celle que nous avons vu suivre par les jeunes gens, aboutissait, comme les deux autres, à une grille s'ouvrant sur la cour, et conduisait jusqu'à la rivière au bord opposé de laquelle passait la grande route dont il a déjà été question.

D'épais tourbillons de fumée qui s'élevaient au-dessus des arbres pendant le jour, et dans la nuit, les vifs reflets des flammes ardentes, trahissaient l'existence des usines, des manufactures, des hauts fourneaux, où, sous les efforts du feu, des eaux, des marteaux, des laminoirs et des bras de l'homme, le minerai des montagnes se transformait en produits appropriés à tous les usages de notre exigeante civilisation.

Trois cents ouvriers travaillaient dans ces ateliers, et un grand village, exclusivement habité par eux et leurs familles, étendait ses maisons blanches sur les rives mêmes de l'Aveyron.

Quelques heures après la scène que nous avons décrite et le départ de Charles et d'Edouard, toute la famille était réunie dans la salle à manger, joyeusement éclairée, de la grande maison.

Outre les divers personnages avec lesquels nous avons fait connaissance, Madame de Bolbec était là avec ses deux filles aînées.

Le dîner était près de finir. Les domestiques s'étaient déjà retirés, et la conversation, jusque-là affectueuse et enjouée, prenait un caractère plus intime.

— Pourquoi, mon frère, disait Madame de Bolbec, semblez-vous vous plaire à chercher le danger pour vous et les inquiétudes pour vos amis? Entre le retour de Louise et votre arrivée, nous avons été dans des transes mortelles.

— Ah! c'est qu'il n'y a rien de pittoresque au monde, dit Sara, l'aînée des jeunes filles, comme la nuit, le brouillard, un précipice, des chevaux effrayés, une voiture versée.....

— Et, dit M. Pierre de Bolbec, ajoutez, ma jolie nièce, un gros garçon de cinquante ans, roulant dans la boue ou se cassant la tête. Non, non, Sara; non, chère sœur, poursuivit-il d'un ton plus sérieux, ce n'est pas le goût des aventures qui m'a entraîné; mais le chemin du bord de l'eau a pour moi un grand attrait, je l'avoue; d'abord, il est plus court.....

— Ce qui est quelque chose, dit son frère.

— Puis c'est le chemin du bord de l'eau.

— Ce qui est incontestable, dit Charles.

Pierre s'arrêta, jeta autour de la table, sur les figures toutes bienveillantes des convives, un regard presque embarrassé, et d'une voix qui, malgré la fermeté qu'il s'efforçait de lui donner, trahissait une émotion étrange, il poursuivit :

— Vous le dirai-je? Epargnez-moi, Sara!.... ne vous moquez pas de moi, Charles!.... Je suis déjà avancé dans la vie, mes enfants; j'ai toute votre affection, je le sais; mais... et sa voix tremblait, et ses yeux étaient humides… j'ai besoin de pitié, j'ai besoin d'indulgence. Je vais vous révéler une des faiblesses de ma nature, ajouta-t-il avec un sourire. Oui, j'aime le chemin du bord de l'eau. Il me rappelle ce pays tel qu'il était quand nous l'acquîmes, votre père et moi ; il me redonne ces émotions à la fois profondes et paisibles que je ressentis avec tant de joie quand, pour la première fois, nous nous enfonçâmes dans ces solitudes. Il me sembla alors trouver un port sûr et tranquille, et ce port, j'aime encore à m'y réfugier. Que de fois dans nos grandes villes, environné de tout ce que peut donner la richesse, jouissant de tous les plaisirs, accueilli dans toutes les fêtes, possédant tout ce qu'on veut et tout ce qu'on envie au milieu des choses les plus grandes, les plus magnifiques, les mieux faites pour rassasier tous les désirs, je me suis surpris soupirant après cette vallée paisible, ces eaux limpides, ces noirs rochers, cette forêt sombre..... Il me semblait qu'ici je serais plus heureux que là. J'étais comme saisi par un besoin impérieux de repos, de solitude et de silence..... Vous me regardez d'un air surpris, vous avez peine à me comprendre ; eh bien ! non, mes amis, je ne suis pas heureux !..... Taisez-vous, frère ; taisez-vous, chers enfants, je sais ce que vous allez me répondre et je vous en remercie, je vous en bénis du fond de mon cœur. Je sais que vous m'aimez, j'y compte, et c'est mon seul bonheur, car tout le reste..... Tenez, j'ai formé des entreprises ; elles ont réussi au delà de toute attente.

J'ai voulu de l'or, nous en avons outre mesure.....
J'oubliais de vous dire, frère, que votre dernière
spéculation vous a valu cent mille francs de béné-
fice. J'ai désiré de la science ; j'en ai acquis, dit-
on, beaucoup. J'ai demandé des honneurs, on
m'en a comblé. J'ai voulu faire régner autour de
moi l'aisance et le bien-être, j'y suis parvenu. Je
suis un homme heureux! demandez à toute la
terre, je suis un homme heureux!..... On ne se
trompe pas, car j'ai tout ce qu'il faut pour l'être,
tout, excepté un cœur qui sache jouir. Oui, je
suis un homme bizarre, et voilà mon malheur.
Bizarre, non pas extérieurement, personne ne
m'accusera de bizarrerie; mais intérieurement,
car il me manque quelque chose, et je ne sais pas
quoi!..... Et ce besoin se fait sentir tous les jours
davantage. Pendant longtemps, j'ai cru pouvoir le
satisfaire; mais j'ai tout épuisé, et le besoin sub-
siste de plus en plus pressant, il me tourmente.....
Je possède tout, et rien ne me donne ce que j'ai
cru trouver au bout de chaque chose, et ce que je
n'ai rencontré, hélas! dans aucune, pas même,
dit-il avec amertume, pas même sur le chemin du
bord de l'eau..... la satisfaction!

Un profond silence régnait autour de la table.

La voix de M. Pierre de Bolbec était devenue
presque plaintive.

C'était sous un jour tout nouveau qu'il se présentait aux regards de ses amis, même à ceux de
son frère.

Cet homme si gai, si affable, comblé de tant de

biens et de tant de richesses, cet homme n'était pas heureux !

Les cœurs étaient saisis d'une émotion pénible, qui ressemblait presque à de l'effroi.

Chacune des personnes présentes aurait voulu dire quelque chose, et aucune ne trouvait quelque chose qu'elle osât dire.

C'était plus que du silence, plus que de l'embarras, c'était de l'anxiété.....

Enfin cet état pénible cessa par un moyen que nul n'avait prévu.

On entendit tout à coup la voix douce et harmonieuse de Louise.

Elle parlait, contre son ordinaire, presque bas, avec lenteur, avec mesure. Ses yeux étaient levés, l'expression de ses traits avait une teinte sérieuse ; elle semblait parler pour elle-même et récitait ce passage de l'Ecclésiaste :

« Je me suis fait des choses magnifiques. Je me suis bâti des maisons. Je me suis planté des vignes. Je me suis fait des jardins et des vergers, et j'y ai planté des arbres de toutes sortes. Je me suis amassé de l'argent et de l'or. Je me suis agrandi, et je me suis accru plus que tous ceux qui ont été avant moi dans Jérusalem, et ma sagesse est demeurée avec moi. Enfin, je n'ai rien refusé à mes yeux de tout ce qu'ils ont demandé, et je n'ai épargné aucune joie à mon cœur ; mais, ayant considéré toutes mes œuvres que mes mains avaient faites et tout le travail auquel je m'étais occupé en les faisant. Voici, tout est vanité et rongement d'esprit. »

— Oh! s'écria Edouard, les yeux baignés de larmes, serrant dans ses bras Louise rougissant et comme honteuse de ce qu'elle venait de dire, oh! la sagesse de Dieu sera louée par la bouche des enfants!

Puis, prenant une résolution soudaine, il se leva, s'approcha de M. Pierre de Bolbec, et lui serra vivement la main en s'écriant :

— Mon oncle, il est une chose sous le ciel dont vous n'avez pas essayé encore...

— Laquelle, mon enfant?

— La religion.

IV

M. Pierre de Bolbec n'était pas un homme irréligieux.

Il ressentait, au contraire, un profond respect pour les choses saintes; il comprenait toute l'importance sociale du christianisme; mais, emporté par ses travaux, par sa position, par ses études, par les livres qu'il avait lus et les sociétés qu'il avait fréquentées, au milieu des agitations du monde, *il n'avait pas eu le temps de penser au ciel.*

Son histoire était, à cet égard, l'histoire de beaucoup d'hommes.

Il y avait de la fixité dans ses idées, du sérieux dans son caractère, de la portée dans son intelligence; mais cette intelligence s'était surtout appliquée aux spéculations de fortune ou aux abstractions scientifiques.

Il avait beaucoup lu, beaucoup pensé, beaucoup acquis, beaucoup réfléchi; mais presque toujours tout rapporté à un certain ordre d'idées.

Il s'était fait pourtant, poussé par un vague besoin qui l'agitait, une espèce de philosophie religieuse.

Dieu a arrangé, disait-il, un magnifique ouvrage! Quelle haute science que la sienne!

Jésus-Christ a dit d'admirables paroles. Quel législateur! quel moraliste!

Et cette admiration qu'il éprouvait, il l'avait prise pour le christianisme.

Conçu ainsi, le christianisme avait bien jeté quelques lumières dans son esprit, mais n'avait pas répondu, plus que tout le reste, au besoin de son cœur.

Il avait bien compris cependant que quelques personnes, rencontrées de loin en loin, dans le cours de sa vie active et agitée, voyaient dans le christianisme autre chose et savaient en tirer d'autres fruits.

Il avait formé le projet d'y revenir plus tard, de s'en occuper par la suite. C'était une science comme une autre que la science religieuse, et elle présentait à son œil observateur tant de phénomènes moraux d'un genre si surprenant!

Jacob, son vieux domestique, était devenu sous ses yeux un homme nouveau, par l'influence de certaines idées religieuses.

Edouard, son jeune neveu, et longtemps son élève chéri, avait évidemment conçu sur la religion quelques hautes pensées qui remplissaient son âme.

Pierre étudia longtemps ce jeune homme, attribuant tantôt à des influences étrangères, tantôt à un enthousiasme de jeunesse, le changement qu'il remarquait en lui.

La persévérance d'Edouard; les sacrifices qu'il avait faits à ses croyances; la sagesse de ses jugements; l'amabilité de ses manières; le pouvoir que, naturellement vif et emporté, il avait acquis sur lui-même; sa patience à toute épreuve; les bons procédés qu'il avait envers ceux-là même qui en manquaient à son égard; l'influence qu'enfin il avait acquise; l'affection qu'il savait inspirer à tous; sa fermeté inébranlable sur quelques points, et sa gracieuse condescendance sur tous les autres, avaient complétement dérouté les idées de l'observateur.

Pierre renonça à comprendre Edouard; mais il sentait qu'il l'aimait chaque jour davantage.

Nous dirons plus, quelque extraordinaire que cela puisse paraître, quand il s'agit d'un homme déjà âgé envers un jeune homme : il le respectait.

Il en avait donné une preuve frappante dans une circonstance intéressante que nous allons rapporter.

La plupart des nombreux ouvriers employés aux usines de MM. de Bolbec, professaient la religion protestante. Venus de l'Alsace, et même de l'Angleterre, ils s'étaient trouvés naturellement, à cet égard, en harmonie d'opinions avec la famille qui les avait appelés. Il est même probable que cette famille les avait appelés de préférence à tous autres, à cause de la religion.

Dans les premières années de l'établissement, le culte avait été rarement célébré à Bolbecville.

Les pasteurs des villes environnantes y étaient bien venus quelquefois, mais ce n'avait été qu'à de longs intervalles; et tandis que les ouvriers catholiques trouvaient à leur portée tous les secours religieux en harmonie avec leur culte, dont ils pouvaient avoir besoin, les protestants étaient privés à cet égard de toutes ressources.

Edouard était alors à la faculté de droit : tout changea de face à son retour.

Grâce à ses soins, le culte fut célébré tous les dimanches; une vaste chapelle fut construite; des réunions religieuses furent organisées; les enfants commencèrent à recevoir une instruction chrétienne.

Les MM. de Bolbec virent ce changement s'opérer sans y faire obstacle. On peut même dire que tous les fonds qui leur furent demandés pour l'accomplissement des projets d'Edouard, furent fournis avec une généreuse promptitude, si bien qu'ils passèrent au dehors pour être très favorables à ces projets. Et Dieu seul savait toute la force, toute la patience, toute la persévérance qu'il avait dû donner à son jeune serviteur, pour qu'il pût mener à bonne fin l'œuvre qu'il avait entreprise.

On ne fit jamais la moindre objection à ses demandes; toutes ses démarches se firent sans opposition..... Mais il était seul! et il comprenait, à quelques sourires échappés, à quelques paroles à demi entendues, au peu d'attention qu'on prêtait aux progrès de son œuvre, qu'on la regardait presque comme un enfantillage.

Il y avait, il ne pouvait se le dissimuler, dans le cœur des personnes aimées qui l'entouraient, beaucoup d'affection, beaucoup de complaisance pour lui, mais pas le moindre zèle pour le Seigneur.

Cependant, lorsqu'on avait fait l'inauguration de la chapelle, ce jour avait été un jour de fête pour tous les habitants de Bolbecville.

La famille s'y était rendue en grande pompe.

Le sermon avait été écouté avec intérêt et convenance. Depuis la plus jeune des demoiselles jusqu'au chef de la maison, tous avaient paru prendre part à la joie et à la reconnaissance du peuple ; et quand Edouard, après le discours du pasteur, avait lui-même pris la parole et donné gloire à Dieu, exhortant les fidèles à profiter, pour leur éternelle paix, de la grâce que le Seigneur venait de leur faire, et priant Dieu de bénir tout ce peuple et en particulier cette famille qui lui était si chère, tous les yeux s'étaient mouillés de larmes, et les dames de Bolbec avaient déclaré que jamais *spectacle* ne leur avait paru si touchant.

Ce fut ce jour-là même, et en sortant du temple, que M. Pierre de Bolbec, à la vue de tous, s'était incliné devant son neveu.

— Edouard, lui avait-il dit, je te respecte, car tu fais ce que peu d'hommes savent faire.

Et il avait ajouté à demi voix :

— Il faut qu'il y ait en toi, après tout, quelque grand principe, quelque puissant motif,

Ce que M. Pierre de Bolbec admirait dans Edouard, ce qu'il trouvait en lui de respectable, c'était la franchise, la persévérance dont il voyait les irrécusables effets.

Lui, qui avait tant vu le monde, et qui l'avait vu en observateur et en philosophe, savait à quoi s'en tenir sur les qualités des hommes.

Il s'était, plus d'une fois, laissé prendre à leurs belles paroles, à leur enthousiasme, à leurs professions, à leurs dévouements; et puis, désabusé sur toutes ces choses, il avait fini par se persuader que ce monde n'est qu'une grande comédie, et complétement désillusionné, comme celui qui regarderait de la coulisse, il en détournait les yeux avec dégoût et les portait sur la nature matérielle, parce que c'était là seulement, avait-il coutume de dire, que l'on trouvait la vérité.

Il avait vu d'abord dans Edouard un enfant, et il s'était senti pour lui plein d'indulgence.

Plus tard, il avait pensé qu'Edouard aussi jouait *sa comédie*, et il en avait souri avec amertume.

Forcé ensuite de le reconnaître *vrai*, il l'avait pris pour un enthousiaste, et s'était rapproché de lui avec un curieux intérêt.

Enfin, il trouvait en lui un homme ayant, il ne pouvait plus en douter, ayant au cœur une pensée à laquelle il donnait sa vie, et il s'inclinait devant lui.

Toutes ses idées étaient bouleversées.

Il y avait donc quelque chose de vrai, même

dans la nature humaine ! quelque chose de respectable, même dans l'homme !

S'était-il mépris jusqu'alors? Avait-il laissé, à couvert sous le rideau, une grande partie de ce spectacle qu'il avait cru contempler sous tous les aspects?

Ou bien Edouard n'était-il qu'une exception, un phénomène moral?

Quoi qu'il en soit, dès cet instant Edouard fut secondé dans tous ses projets. Il eut sinon *un frère*, du moins un ami sûr, fidèle, empressé, et tout ce qu'il proposa pour le bien-être religieux, pour l'avancement moral des nombreux ouvriers de la manufacture, fut appuyé avec chaleur, fut puissamment protégé par son oncle.

Non-seulement tout l'argent nécessaire lui fut donné, mais il vit avec joie, près de lui, un être qui s'intéressait à son œuvre, qui en faisait aussi *la sienne*, et qui, dans diverses circonstances, tout en annonçant ne pas parfaitement comprendre les moyens qu'il employait, s'y était associé avec un entier dévouement.

V

A l'extrême limite de la forêt, sur les bords de l'Aveyron, en partant du village habité par les ouvriers, se dessine une gracieuse ligne formée par les arbres, qui, contraints de laisser entre leurs troncs et la rivière un étroit espace où la volonté de l'homme ne les souffre pas, s'en dédommagent autant qu'ils le peuvent en jetant par-dessus cet espace leurs rameaux chargés d'un épais feuillage, et se courbent en voûte de verdure, comme attirés par la fraîcheur des eaux dans lesquelles ils parviennent à se mirer.

Si vous suivez du regard cette ligne sinueuse, obéissant à tous les caprices de la rivière, vous ne pouvez manquer d'apercevoir, dans le fond d'un des nombreux petits golfes qu'elle forme dans son cours, une maison qui attirera votre attention non-seulement par l'heureux choix du site où elle est placée, mais par ses beaux jardins, son toit d'ardoise et son élévation, qui la distinguent de toutes les autres maisons du village.

Celles-ci, quoique propres et confortables, n'ont

en général qu'un rez-de-chaussée, et sont rangées uniformément le long d'une rue qui court parallèlement à la rivière, en laissant entre elles et cette dernière l'espace occupé par les usines qui, pour marcher, ont besoin de deux éléments extrêmes : beaucoup d'eau et beaucoup de feu.

Si quelques-unes des habitations du village attirent le regard par un certain air de prétention et d'aristocratie, elles doivent toutes céder le pas à celle dont nous parlons, qui, loin du bruit et de la fumée, entourée de jardins délicieux, appuyée sur la forêt d'un côté et sur la rivière de l'autre, semble dormir, nonchalamment bercée par leurs continuels murmures.

Et cependant ce n'est pas une maison fière; elle est ouverte à tous et à toute heure; et dans ce moment même, où quelques faibles rayons du soleil dorent à peine les plus hautes cimes des arbres qui l'environnent de leur enceinte circulaire, entrez, même à cette heure matinale, vous trouverez des hôtes bienveillants.

A l'un des angles du bâtiment se trouve une porte qui s'ouvre de plein pied sur le jardin. Cette porte, entr'ouverte pour laisser pénétrer l'air frais du matin, vous laisse aussi la faculté de regarder dans l'intérieur.

Un homme est assis près d'une table, courbé sur sa main qui cache son front; il semble lire attentivement un livre ouvert devant lui.

Le lieu où il se trouve est un cabinet de travail, car des tables chargées de papier et les rayons d'une assez grande bibliothèque en composent tout l'ameublement.

Une jeune femme vient d'entrer, accueillie par un doux sourire ; une jolie petite fille la suit en courant ; et comme elle se jette joyeuse dans les bras de son père :

— Sonne, Anna, lui dit-il après un baiser.

Et bientôt, au retentissement de la sonnette, plusieurs personnes qui, à l'exception d'un jeune garçon d'une quinzaine d'années, paraissent appartenir à la classe des habitants de la campagne, se rangent autour du maître de la maison.

Une grave pensée les occupait sans doute, car il y avait quelque chose de recueilli dans l'expression de leurs traits pendant qu'elles se saluaient affectueusement, mais presque en silence ; c'est que toujours, dans cette demeure, les premières pensées, les premières paroles et les premiers instants de la journée étaient pour Dieu.

On s'était réuni pour la prière.

Quelques passages de l'Ecriture sainte furent lus et écoutés avec un profond recueillement ; et une prière fervente, prononcée à haute voix par le père de famille, monta vers Dieu.

Doux et saint usage, qui rappelle les plus beaux temps de l'Eglise chrétienne, et fait descendre des bénédictions assurées sur les familles qui le conservent comme étant lui-même une bénédiction !

Pendant les dernières phrases de la prière, quelqu'un s'était approché de la porte et s'y était arrêté respectueusement,

Mais, la prière finie, la main du maître de la maison fut bientôt pressée par la main amicale de M. Pierre de Bolbec.

— Mon cher pasteur, dit-il tout en s'inclinant devant lui, je suis venu vous surprendre à cette heure matinale (et pourtant je suis arrivé trop tard), parce que je ne veux pas vous gâter vos heures précieuses de travail et de visites pastorales, et que je sais que vous avez coutume de donner celle-ci à ce que vous appelez *vos amusements*. Vous me les sacrifierez pour aujourd'hui sans trop de regrets, n'est-ce pas?

— Aujourd'hui et toujours, mon cher Monsieur, répondit le pasteur, ou plutôt je ne vous sacrifierai rien. Veuillez vous compter au nombre de mes auteurs les plus aimés. Votre parole vivante a plus de prix à mes yeux que leur parole écrite..... Il est donc entendu, ajouta-t-il avec un sourire, que vous faites partie de *mes amusements*..... Mais nous ne vous savions pas de retour. Comment se fait-il qu'on nous ait laissé ignorer une chose qui nous intéresse si vivement? Elisabeth ne pardonnera pas à ces dames, et surtout à Louise, qui était hier ici presque dans la soirée.

— Notre chère Elisabeth pardonnera à ses amies, d'abord parce qu'elle pardonne toujours, ensuite parce qu'elle n'a pas l'ombre d'un reproche à leur faire..... Je ne suis arrivé que fort tard hier soir, et j'ai voulu garder pour moi-même le plaisir de vous annoncer mon arrivée. Pour cela, j'ai dû mettre Edouard aux arrêts, et je l'ai fait avant l'aurore, en lui soumettant une difficulté qu'on suscite à nos ouvriers sur une prise d'eau de la rivière. Je l'ai laissé se débattre entre le *jus romanum* et le droit français. Je ne sais s'il parviendra à mettre d'accord ces deux messieurs. Je le rejoindrai plus tard au village, d'où nous irons sur les lieux mêmes tâcher d'appliquer au fait, les théories qu'il aura découvertes..... Que je ne vous retienne pas plus longtemps, ma belle dame; je crois entendre là-haut de petites voix auxquelles votre cœur maternel ne peut être sourd..... Edmond, mon enfant, ajouta-t-il en se tournant vers le jeune homme dont nous avons déjà parlé, vous n'êtes pas venu me souhaiter une bonne arrivée!..... Entends-tu, drôle! Je te charge, pour ta punition, de mettre en ordre ces livres et ces papiers, où ton pauvre oncle doit avoir peine à se reconnaître, et tu ne sauras que demain ce que j'ai recueilli pour toi dans mon voyage..... Allons, embrassez-moi, Monsieur!

Quand il fut seul dans le jardin avec son ami, M. Pierre de Bolbec devint aussi sérieux et aussi grave qu'il avait paru gai et joyeux l'instant auparavant.

Il marchait les yeux baissés, s'appuyant fortement sur le bras du pasteur, et arrachant distraitement de la main gauche, aux plantes près desquelles il passait, quelques feuilles qu'il froissait et rejetait loin de lui.

M. Maluit le regarda longtemps en silence. Ses

yeux semblaient vouloir percer jusqu'au fond de son âme.

Quelques minutes s'écoulèrent.

— Eh bien? dit-il enfin.

Bolbec releva lentement la tête. Un voile de tristesse et d'embarras couvrait sa physionomie, habituellement si franche et si ouverte.

— Mon ami, dit-il, j'en suis toujours là..... J'en suis toujours là, reprit-il avec plus de force. Mes efforts sont vains, mes recherches infructueuses... Croyez-vous, mon ami, que Dieu puisse nous reprendre pour n'avoir pas compris ce que nous ne comprenons pas, pour n'avoir pas cru ce que nous ne pouvons pas croire?..... Non, Dieu ne juge pas comme jugent les hommes. Il *sait*, lui, tandis qu'ils ignorent. S'il a mis en moi ce qui fait le savant, et qu'il n'y ait pas mis ce qui fait le fidèle, il me condamnerait sans doute d'user les facultés qu'il m'a données à des choses impossibles pour elles, et de négliger et de méconnaître la carrière qu'il m'a ouverte. Cette carrière, j'y suis entré, je l'ai suivie; j'ai fait sa volonté suprême!..... Je suis donc bien. Jacob ne sera pas condamné pour n'avoir pas été un Newton ou un Malebranche. Et pourquoi Dieu frapperait-il un Newton ou un Malebranche, parce qu'ils ne sont.pas d'humbles fidèles comme mon pauvre et bon Jacob?

— Vos exemples sont malheureusement choisis, répondit un peu froidement Maluit. Newton et Malebranche, et particulièrement le premier, furent des chrétiens comme votre vieux domestique.

— J'en conviens; mais convenez aussi qu'il me sera facile d'en citer un grand nombre d'autres.

— Que trop, mon ami, qui mériteraient de se voir appliquer cette sévère parole de saint Paul : « En voulant être sages, ils sont devenus fous... » Mais permettez-moi une question. Vous savez comme la science excite mon admiration. Je vous ai écouté bien souvent, développant avec votre parole éloquente les magnifiques résultats obtenus par les travaux et les méditations de l'homme. J'ai essayé quelquefois de vous suivre jusque dans ces hautes régions où vous marchez avec tant d'assurance, et je vous ai vu éclairer, comme en vous jouant, les difficultés qui arrêtaient les plus habiles..... Vous êtes bien savant, mon ami; mais, dites-moi, l'êtes-vous autant que vous pourriez l'être?

Bolbec le regarda d'un air presque étonné.

— J'ai beaucoup travaillé, répondit-il.

— Peut-être, reprit le pasteur, pourriez-vous, en travaillant encore, acquérir tous les jours quelque connaissance nouvelle, et cela sans discontinuer jusqu'à la fin de votre vie; car on peut dire que la science humaine est un champ sans limites, et qu'il faut renoncer à le parcourir tout entier. Quelque évidente que soit cette pensée, dites, vous décourage-t-elle? Vous rend-elle triste et malheureux? En face d'un problème jusqu'à nos jours insoluble, ou d'une nomenclature encore incomplète, vous sentez-vous repris par votre conscience, et entendez-vous une voix qui vous crie que le but de Dieu, dans la création de són œuvre, n'est pas rempli en vous? Avez-vous besoin de recourir à des arguments dont a honte votre logique, pour vous disculper à cet égard? Eprouvez-vous, en un mot, en face d'une science nécessairement incomplète, ce que vous éprouvez en présence de la religion mal comprise, non-seulement le *regret*, mais le *remords?*..... S'il n'en est pas ainsi, voulez-vous en chercher la cause? Voyez, ne serait-ce pas, ou parce que votre conscience vous reproche de n'avoir pas fait pour la religion ce que vous avez fait, avec tant de zèle et d'ardeur, pour la science; si bien qu'à l'égard de la première vous ne pouvez pas dire : J'ai rempli ma tâche? ou parce que la religion appartient à un ordre de choses tout autre que celui auquel appartient la science, et qu'elle est tellement nécessaire que non-seulement vous, mais nul ne peut dire ce que vous essayiez de dire tout à l'heure : Elle n'est pas faite pour moi? Dieu ne nous a pas tous faits pour la science, mon ami; mais il nous a tous faits pour la religion. La première doit être un moyen, jamais un obstacle pour la seconde; mais l'homme fait tourner contre lui-même les biens les plus précieux qu'il reçut de son Créateur.

M. Bolbec réfléchissait profondément. La parole de son ami, d'abord calme et posée, s'était animée de plus en plus. Il savait qu'ayant étudié lui-même avec ardeur les sciences des hommes, Maluit avait été conduit à Dieu par la lecture de la Bible.

Attiré vers ce livre par sa curiosité de savant, il

y avait puisé à longs traits la science qui seule satisfait l'âme et la rend heureuse.

M. de Bolbec, lui aussi, avait lu la Bible. Elle contenait, disait-il, des choses admirables et magnifiques. Son cœur d'homme avait été remué, mais sa tête de métaphysicien était restée froide. Il avait pris l'un après l'autre les dogmes du christianisme, et, comme s'ils eussent été des sciences humaines, il leur avait appliqué ses méthodes philosophiques. Il avait essayé de les faire tenir dans les cadres étroits des formules de la science; mais les formules les plus exactes, les mieux éprouvées, s'étaient trouvées impuissantes, et le dogme chrétien s'était montré rebelle.

Fier d'une intelligence dès longtemps exercée, d'une raison dont il s'était merveilleusement servi dans l'examen des choses de la terre, il avait voulu leur soumettre les choses du ciel..... Et dans cette lutte insensée contre l'esprit de Dieu, il avait recueilli deux choses funestes : le doute et le mécontentement, qui sont inséparables chez l'incrédule, comme le sont, chez le fidèle, la piété et le contentement d'esprit.

Depuis plusieurs années, l'affection du vieux Jacob, l'exemple d'Edouard, de fréquents entretiens avec Maluit, dans lesquels celui-ci se servait avec habileté des arguments que lui fournissait la science pour combattre les objections de son ami; et, plus que tout cela, cette voix intérieure qui dit nécessairement à l'homme : Cherche ton Dieu! entretenaient l'esprit et le cœur de M. de Bolbec dans un état de trouble qui, comme l'espérait Maluit, devait se terminer par l'adoption de la vérité.

Aussi le pasteur recherchait-il toutes les occasions de faire tourner ses conversations avec son ami sur ce sujet si important, et que tant d'hommes évitent.

Et, il faut le reconnaître, loin d'imiter à cet égard *la multitude*, Bolbec abordant franchement ces graves sujets, venait souvent lui-même chez Maluit, pour lui exposer ses doutes, lui dire ses combats, lui apporter ses objections et trouver auprès de lui ce qu'il cherchait de toute son âme, quelque consolation, quelque assurance.

Quoique Maluit fût de beaucoup le plus jeune, ces deux hommes s'étaient liés depuis des années par une vive et franche amitié.

C'était sur les instances de Pierre, et pour se rapprocher de lui, que Maluit avait quitté la grande ville qu'il habitait, pour venir consacrer sa vie à l'édification des pauvres ouvriers des usines de Bolbecville. Il bénissait Dieu tous les jours d'avoir été conduit à agir ainsi. Car il voyait son troupeau répondre à ses soins, et il avait la joie de se dire que Dieu faisait de lui un instrument de miséricorde pour la conversion de plusieurs.

Ces hommes grossiers et continuellement en querelle les uns avec les autres, s'étaient adoucis sous la bienheureuse influence de l'Evangile. Le culte, d'abord négligé par eux, était devenu une de leurs plus grandes joies. L'ordre, la paix, l'amour du travail, et, à leur suite, l'aisance et le contentement étaient venus habiter leur humble demeure.

La population de Bolbecville se montrait à tous égards une population modèle. L'Evangile de Dieu avait été annoncé là avec simplicité, avec pureté, avec prière, et l'Evangile avait porté ses fruits.

Bolbec jouissait de ce changement. Il en suivait avec intérêt les progrès. Cédant d'abord par complaisance aux desseins de son neveu Edouard, il avait fini par être cordialement de moitié dans son œuvre ; et depuis l'arrivée de Maluit, la vue des améliorations de toute espèce qui avaient suivi la prédication fidèle du christianisme, le portait bien souvent à se faire à lui-même cette question, que l'incrédulité ne saura jamais résoudre : Comment l'Evangile amène-t-il partout les progrès matériels, qui semblent si étrangers au but qu'il se propose ?

Les fréquents rapports de Bolbec avec les ouvriers, qui trouvaient toujours auprès de lui un accès facile, lui avaient aussi révélé, à sa grande admiration, une autre chose : c'est que souvent, parmi eux, le pauvre vieillard ou la jeune fille saisissait avec une facilité d'*instinct*, disait-il d'abord, mais il avait reconnu plus tard que c'était avec une *haute* intelligence, certaines doctrines, le sens de certains passages de la Bible, que son esprit logique, que sa tête savante méditaient en vain.

Il disait à Maluit ses admirations et ses surprises, comme il lui disait ses doutes et ses objections.

Il n'y avait pas chez lui, comme chez tant de faux savants, un parti pris de ne pas croire. Mais il faut bien le dire, parce que c'est la vérité, ses habitudes scientifiques, la haute portée de son esprit, la force d'attention avec laquelle il en était venu à résoudre de difficiles problèmes et à s'approprier une foule de connaissances variées, lui avaient donné une foi en lui-même qui faisait obstacle à la foi chrétienne.

La religion saisit l'homme tout entier et répond à la fois à tous les besoins de son être. Rien n'est négligé par elle, et c'est en complétant au moyen d'un des éléments de l'âme humaine ce qu'un autre ne peut qu'imparfaitement saisir, qu'elle produit cet harmonieux ensemble de sentiments, de conceptions, d'élans intimes, qui, fécondé par l'Esprit de Dieu et sa grâce, a reçu de l'Evangile le nom de *foi*.

La religion seule harmonise les éléments de l'être humain. L'homme abandonné à lui-même les disperse et s'égare.

Quand l'intelligence prédomine, elle inspire l'orgueil et l'incrédulité. Quand le cœur est seul écouté, il conduit aux superstitions et aux faiblesses. Quand la conscience parle seule, elle produit le mysticisme et la peur.

Chez Bolbec, adonné à l'étude des sciences, l'intelligence avait naturellement acquis un haut développement; mais malheureusement le contrepoids lui avait manqué, et l'orgueil, non pas cet orgueil de *bas étage* qui s'appuie sur le rang, les honneurs, les richesses; qui se traduit en actes insolents, et qui n'est que l'indice d'une profonde nullité; mais l'orgueil scientifique, l'orgueil de la raison en avait été la suite.

Chez Pierre de Bolbec, l'obstacle au christianisme, c'était la *science*.

VI

Avant de sortir de la forêt et de s'enfoncer dans cette étroite vallée de Penne, où nous suivions naguère son cours, l'Aveyron change brusquement la direction dans laquelle coulaient ses ondes, et s'arrête devant une chaîne de collines dont il longe la base, dans l'impossibilité où il se trouve de la franchir. C'est entre les eaux et les collines que la route départementale a été tracée.

Les usines et le village de Bolbecville, séparés de la route par la rivière, s'élèvent précisément dans l'intervalle de l'angle aigu formé par le changement de direction de ses eaux.

La maison du pasteur est située, comme nous l'avons vu, un peu plus haut en remontant son cours, et il est aisé de comprendre qu'elle se trouve plus rapprochée que le village même de l'habitation principale de la famille de Bolbec.

L'espace qui se trouve entre les deux demeures est un des endroits les plus sauvages de la forêt. De profonds ravins, des rochers jetés çà et là, des arbres séculaires et un amas touffu de plantes rampantes le couvrent entièrement.

Les deux familles avaient souvent regretté qu'il
en fût ainsi. La nécessité de faire un grand détour
et d'aller rejoindre les bords de l'Aveyron par l'a-
venue des usines, pour le remonter ensuite jusqu'à
la maison du pasteur, rendait plus difficiles et
moins fréquentes les visites qu'elles se faisaient
tour à tour.

Charles et Edouard, mettant de côté un certain
jour leur gravité de docteur en médecine et de li-
cencié en droit, avaient bien essayé, dans une espèce de *steeple chase* à pied, de se frayer un passage direct d'une maison à l'autre; mais, quoiqu'ils
y fussent parvenus et qu'ils eussent beaucoup vanté
les agréments de ce genre de promenade, les quelques heures qu'ils y avaient consacrées, l'état de
fatigue et la tenue peu soignée dans laquelle ils
s'étaient présentés à la maison presbytérale, n'a-
vaient engagé personne à suivre leur exemple, et
eux-mêmes avaient conservé l'habitude de passer
par les forges toutes les fois qu'ils allaient visiter
le pasteur.

M. Pierre de Bolbec, se promenant un jour avec
son frère dans les jardins de Bolbecville, et laissant errer, du haut d'un belvédère qui s'élevait
à leur extrême limite, ses regards sur cette partie
de la forêt, avait paru mesurer la distance qui le
séparait d'un rocher montrant sa tête chauve au-
dessus des arbres, et qu'il savait toucher au jardin
de M. Maluit, puis s'était écrié qu'il ne serait pas
impossible, malgré quelques difficultés de terrain,
de percer une nouvelle avenue qui relierait les

deux jardins et rapprocherait les deux familles.

M. de Bolbec avait objecté l'énormité de la dépense que de semblables travaux entraîneraient, sans qu'on pût jamais espérer d'en retirer quelque avantage appréciable en francs et en centimes; et sur quelques indications données rapidement par son frère, il s'était mis à calculer, selon son invariable habitude de se rendre compte de tout, le nombre de journées d'hommes et de chevaux qui seraient nécessaires, la quantité de poudre qu'il faudrait employer à l'exploitation des rochers, les frais de transport, les digues à construire, les ravines à combler; et il en était venu à savoir, à quelques centimes près, combien coûterait chaque mètre de l'avenue projetée.

Pendant ce temps, son frère promenait ses regards rêveurs sur la vaste étendue de feuillage qui se déroulait autour d'eux aussi loin que l'œil pouvait s'étendre, et il avait tellement oublié le sujet de leur conversation interrompue, que quand M. de Bolbec revint à lui, ses tablettes à la main, pour lui dire que cette entreprise ne coûterait pas moins de 53,427 francs et un nombre de centimes dont il n'était pas exactement sûr, il lui demanda quelle était la nouvelle usine qu'il se proposait de faire construire.

Peu de jours après, M. Pierre de Bolbec partit pour un long voyage, et personne n'eut connaissance de l'idée qui avait un instant occupé son esprit.

Cependant Louise, pendant la conversation des

deux frères, était gravement occupée à cueillir, au pied du belvédère, un énorme bouquet de roses et de jasmin qu'elle se proposait de partager entre sa mère et ses sœurs.

Une année, pendant laquelle M. Pierre de Bolbec avait été absent, s'était écoulée depuis cette époque; et dès le lendemain de son retour, il avait pris le chemin des forges pour aller rendre visite au pasteur, et avoir avec lui le sérieux entretien que nous avons rapporté en partie.

Arrivés, sans s'en apercevoir, jusqu'au rocher qui terminait de ce côté le jardin du jeune ministre, les deux amis le gravirent en suivant un sentier ménagé sur ses flancs, et dont la position aérienne avait souvent excité les appréhensions maternelles de Madame Maluit.

Parvenus au sommet, ils s'assirent sur une saillie du rocher, ombragée par quelques touffes épaisses de buis.

C'était au moment où le soleil, atteignant la hauteur des arbres, jetait ses rayons d'or sur cette immense nappe de verdure.

Les oiseaux, réjouis par cette vive lumière, commencèrent à s'appeler et à se répondre.

Les gouttes de rosée, suspendues à l'extrémité des feuilles, brillèrent comme des millions de diamants.

Le souffle léger du matin frissonna dans le feuillage..... La forêt tout entière sembla s'agiter et vivre.

— O Dieu du ciel! s'écria Pierre, Dieu du ciel

et de la terre, que tes œuvres sont admirables! et que le grand philosophe de Tarse a raison lorsqu'il s'écrie que : « Tes perfections invisibles, savoir la puissance éternelle et ta divinité, se voient comme à l'œil quand on considère tes ouvrages. » Mon ami, ajouta-t-il en se retournant vers Maluit la tête baissée, les mains jointes, dans l'attitude de la prière, priez avec moi! priez pour moi!

Maluit fut vivement ému.

Bolbec s'était souvent joint à la prière de famille, qui commençait et terminait la journée dans la maison du pasteur, mais toujours il s'était trouvé là comme par hasard et sans que rien pût faire penser que prier ce Dieu, dont il admirait la création avec tant d'enthousiasme, fût un besoin éprouvé par son âme.

Sa demande fit tressaillir le cœur de son ami, et sa voix se mêla bientôt à celle de cette nature admirable qui célébrait la gloire de son auteur.

— Dieu de la nature, disait-il, viens te révéler à son esprit et à son cœur, comme le Dieu de l'Evangile et de la grâce ! Viens éclairer son intelligence, toucher et convertir son cœur en Jésus-Christ!..... Achève, Seigneur, ton œuvre commencée. Ne laisse pas ta pauvre créature dans ses propres pensées ; fais briller à ses yeux le soleil de justice, plus éclatant mille fois et plus salutaire que ce soleil qui l'inonde de ses rayons!

Et puis, pendant longtemps, les deux amis restèrent en silence.

Bolbec n'avait pas relevé la tête, et des larmes

silencieuses coulaient lentement sur sa face pâlie par une profonde émotion.

Maluit continuait de prier en lui-même pour la conversion de son ami.

La tranquillité de la forêt fut en ce moment troublée par le bruit de quelques voix humaines qui se firent entendre presque au pied du rocher.

Les interlocuteurs paraissaient être en assez grand nombre; et quoiqu'il fût impossible de distinguer les paroles, on pouvait cependant comprendre à la variété des intonations, tantôt graves, tantôt aiguës, qui perçaient la voûte de feuillage, qu'une discussion assez vive était engagée.

Et à la distance où se trouvaient, je ne dirai pas les spectateurs (car ils ne voyaient rien qu'un immense tapis de verdure dont les ondulations indiquaient les inégalités du terrain sur lequel il s'étendait, et que venait de loin en loin interrompre la tête grisâtre de quelques rochers qui dépassaient du front les plus hauts arbres), mais les auditeurs de cette scène extraordinaire, ils auraient pu facilement la prendre pour une querelle, si, de temps à autre, et au moment même où la discussion paraissait le plus animée, le rire joyeux de quelque jeune fille faisant monter jusqu'à eux ses notes harmonieuses et prolongées, n'était venu les rassurer complétement à cet égard.

Etrangement surpris de ce qui se passait à ses pieds, Bolbec s'apprêtait à se frayer un passage au travers des plantes rampantes qui couvraient les flancs escarpés du rocher du côté de la forêt, quand, sur la cime même des arbres, et semblant en effleurer du pied les plus hautes feuilles, une apparition gracieuse s'offrit à sa vue.

Des boucles de cheveux et les plis d'une robe légère flottaient au-dessus des arbres.

On eût dit le génie de la forêt contemplant son paisible empire.

Comme toutes les apparitions, celle-ci ne se montra que quelques secondes; mais ce temps si court avait suffi pour lui ôter son caractère merveilleux.

— C'est Louise! s'écria Bolbec.

— Ne descendez pas, mon ami, lui dit Maluit. Il y a quelque mystère là-dessous, ajouta-t-il en lui montrant l'épais rideau qui leur dérobait le sol, quelque mystère qu'on n'a pas voulu nous révéler et que nous respecterons toutefois..... Et sa main s'étendait vers le belvédère qui élevait, vis-à-vis d'eux, sa coupole brillante aux rayons du soleil. Si vous suivez la ligne droite qui vous conduit jusque-là, vous remarquerez quelques signes auxquels vos yeux d'ingénieur ne pourront se méprendre. Ces banderolles rouges qui flottent, de loin en loin, au-dessus des arbres, ne sont-elles pas des jalons?

— L'avenue! dit Bolbec, c'est l'avenue qui doit mettre notre maison au bout de votre jardin! Il n'y a pas à en douter; on fait une percée dans la forêt. Ces voix sont celles des ouvriers..... Tenez, entendez-vous ces coups de hache et de pioche? Louise est montée sur le rocher pour s'assurer de la direction..... Il paraît que c'est elle, ajouta-t-il gaiement, qui est l'ingénieur en chef. Mais comment mon frère a-t-il pu consentir à cette dépense? Bon frère! l'amour des richesses n'a pas, après tout, éteint dans son cœur l'amitié.

Maluit paraissait réfléchir.

Il s'étonnait que ces travaux eussent été exécutés avec tant de mystère. Ils touchaient évidemment à leur fin, car c'était auprès du rocher même où il se trouvait que le plus grand nombre de voix et le bruit des instruments de travail se faisaient entendre.

D'ailleurs, le caractère de M. de Bolbec, sur lequel son frère cherchait à se faire illusion, ne lui permettait pas de supposer qu'il eût sacrifié de fortes sommes pour exécuter un travail dont l'achèvement ne pourrait évidemment produire une augmentation de revenus.

M. de Bolbec était un homme positif. Maluit le savait. Il était bon père et bon époux, en ce sens qu'il aimait sa femme et ses enfants. C'étaient des êtres nécessaires à son bonheur; et, pour les satisfaire, il savait consentir à des *sacrifices* d'argent. Mais en dehors du cercle étroit de la famille, il ne connaissait que les *affaires*.

Tout se rangeait pour lui sous ces deux chefs : *Profits* ou *Pertes*.

Toute question, de quelque nature qu'elle pût être, n'avait pour lui que ces deux aspects.

Quand, sur les instances d'Edouard et la volonté nettement exprimée de son frère Pierre, il consentit à construire des écoles, à rétribuer des instituteurs, à former un asile pour l'enfance et la vieillesse, à assurer à la maladie des soins et des secours, à élever un lieu de culte, à constituer un traitement pour le pasteur de Bolbecville et à lui donner une confortable habitation, il porta tous ces objets sous le titre fatal de *Pertes*.

Il est vrai que, plus tard, ses idées s'étaient modifiées, car c'était un homme juste. L'amélioration matérielle qui suivit les progrès de la piété n'échappa pas à sa vue. Il comprit qu'il y avait là une source assurée de revenus, que l'argent consacré à ces choses portait aussi intérêt.

Il ouvrit sur son grand-livre une colonne nouvelle qu'il eut la bonne foi d'intituler, en employant la formule sacramentelle : *Caisse doit à culte;* et il y portait fidèlement toutes les sommes qu'il croyait devoir attribuer aux changements produits dans la conduite des ouvriers par l'influence religieuse.

Etrange aberration qui traitait la religion en spéculation commerciale, et qui traduisait en francs et centimes l'œuvre du Christ au fond des cœurs !

Avant que Maluit eût répondu à son ami, la voix de M. de Bolbec lui-même se fit entendre derrière eux, dans le jardin.

Ne trouvant pas son frère aux forges, il avait deviné sa visite au presbytère, et, conduit par Edmond, il se dirigeait vers le rocher.

— Hâtons-nous de descendre et ne dites rien de notre découverte, dit Maluit avec précipitation. Je le répète, il y a là-dessous un mystère.

— Que vous connaissez?

— Non, que j'ignore, mais que je crois deviner. Il est évident pour moi que ces travaux se font à l'insu de votre frère; mais les mineurs ne travailleront pas toujours à ciel couvert..... En attendant, nous n'avons rien vu, rien entendu, rien su.....

Ils n'étaient plus alors qu'à quelques pas de M. de Bolbec, à la vue duquel ils étaient cachés par une charmille.

M. de Bolbec disait à Edmond :

— Votre oncle, mon ami, que je respecte et que j'aime de tout mon cœur, néglige peut-être un peu trop de vous faire connaître la valeur réelle des objets qui vous entourent. Il vous a appris certainement la nature du soleil et la distance qui le sépare de notre globe, et ne vous a pas fait connaître le prix réel, la valeur vénale d'un are de cette terre sur laquelle nous marchons. Nous allons les trouver, j'en suis sûr, lui et mon frère, s'entretenant de quelque question d'humanité, ou même de religion, ce qui est très bien sans doute, car, mon enfant, il faut craindre Dieu; mais tellement absorbés dans leurs hautes pensées, que M. Maluit, j'en suis certain, ne sait pas encore ce que Bolbec a réussi à faire pour vous, et quelle somme on lui a comptée par arrangement du procès que vous avait laissé votre père..... Et vous, il vous a vu sans doute; vous en a-t-il parlé?

— Oh! Monsieur, répondit Edmond, mon oncle m'a dit bien souvent que je dois m'en rapporter pleinement à mes amis pour tout ce qui concerne mes intérêts; et comme il m'a appris à compter avant tout, et en toutes choses, sur la protection de celui qui a pitié de l'orphelin et qui le garde, je vous assure, ajouta-t-il avec un sourire, — sourire d'enfant plein de confiance, de sensibilité et de gaieté franche, — que bien heureux de revoir votre frère, je n'ai pensé qu'à lui et, je dois l'avouer, à la promesse qu'il m'a faite.....

— Bien, bien, murmura M. de Bolbec; je crains que ce soit encore une éducation manquée!

Et, remarquant quelques pieds de vigne qui, soutenus par de forts appuis, avaient acquis un développement magnifique et présentaient au soleil levant leurs pampres chargés de grappes déjà vermeilles, il entreprenait de calculer combien lui coûterait un nombre suffisant d'échalas de cette force pour garnir les vastes vignobles qu'il possédait dans le Médoc, quand il fut rejoint au détour de la charmille par ceux qu'il était venu chercher.

Après leur avoir pressé affectueusement la main, il annonça à M. Maluit qu'il venait l'enlever, lui et sa famille, pour passer la journée à la grande maison.

— Nous voulons jouir de la présence de Pierre, dit-il; et si vous n'êtes pas avec nous, mon cher pasteur, il nous échappera toujours. Quand on veut retenir un ami auprès de soi, on s'entoure de tout ce qui lui est agréable, et il y a à cela double profit.

— C'est placer à dix pour cent, dit sérieusement Pierre.

— C'est agir avec affection, dit le ministre.

— Ce sera très amusant, dit Edmond.

Et il courut assembler une précieuse collection de papillons et de fleurs sauvages qu'il voulait apporter à Louise, son amie de cœur.

M. de Bolbec était venu en voiture. Il y prit place avec Madame Maluit et les enfants.

Le pasteur avait quelques personnes à visiter sur la route. M. Pierre de Bolbec voulut l'accompagner.

Il fut convenu qu'avant dix heures on se réunirait à la grande maison.

VII

A l'extrémité du village, au point où la ligne des
maisons blanches habitées par les ouvriers, après
avoir dépassé les usines, se rapprochait de l'Aveyron, on voyait une habitation qui était sans doute,
dans ce moment, le théâtre de quelque scène affli-
geante.

Un groupe nombreux d'ouvriers s'était formé à
quelque distance. Ceux qui le composaient s'entretenaient à voix basse ou écoutaient avec une triste
curiosité ce que leur disaient, de minute en minute, des femmes qui sortaient successivement de
la maison.

Quand les amis s'approchèrent, tous les fronts
se découvrirent; et, pendant que la plupart de
ceux qui étaient là venaient saluer respectueusement M. Pierre, qui leur secouait affectueusement
la main, un vieillard, répondant à une question
muette de Maluit, disait :

— Nous conservons bien peu d'espérance, Monsieur; tous ses pauvres os sont brisés. Que le Seigneur ait pitié de nous. M. Charles est là dedans;
mais que peut le secours d'un homme, quelque
habile qu'il soit?

— Dieu peut tout et se sert de tout, répondit le ministre. Le médecin ne sauvera pas le malade sans la bénédiction de Dieu ; mais si Dieu prend le médecin pour instrument de sa miséricorde, l'œuvre de celui-ci sera bénie et efficace ; espérez et priez.

L'ouvrier blessé était couché dans une chambre située sur le derrière de la maison. Son lit était tiré presque devant la croisée, pour permettre au médecin d'accomplir sa pénible tâche, et à ceux qui l'assistaient de circuler autour.

Il avait été, la nuit même, victime d'un de ces accidents malheureusement trop fréquents dans les manufactures. Saisi par un engrenage et horriblement mutilé, on l'avait apporté à demi mort à sa femme et à ses deux filles, qui priaient et pleuraient, agenouillées auprès de son lit.

Quelques amis l'entouraient en silence, et un jeune homme au front pensif, les yeux fixés sur le pâle visage du malade, l'oreille attentive au bruit haletant de sa respiration irrégulière, se penchait sur le lit et achevait de rouler une longue bande de toile autour d'une de ses jambes brisées.

— Repos et silence ! dit-il en se relevant. Que personne ne lui parle ; qu'on ne lui donne aucune nourriture..... Ce que vous avez le plus à craindre, c'est la fièvre. La moindre imprudence pourrait la rendre terrible..... Du reste, ajouta-t-il d'un ton plus doux en s'adressant au malade, soyez tranquille, Mauriac, et ayez bon courage. Vous avez un corps solide, nous vous guérirons...

— S'il plaît à Dieu, Monsieur, dit le malade d'une voix faible. Je vous remercie de vos bons soins. Voilà des cœurs, — et il étendit sa main vers sa femme et ses filles, — qui n'oublieront pas votre empressement à me secourir. Que le Seigneur vous le rende et vous bénisse !

— Bien ! bien ! dit Charles ; taisons-nous..... Surtout, point d'émotions !

Il se retourna pour sortir et se trouva en face de Maluit, qui s'avançait. Ses sourcils se froncè-rent légèrement. Il s'inclina, et allait sortir de la chambre.....

Son oncle le retint et lui dit tout bas :

— Reste, mon enfant ; étudions l'hygiène de l'âme ; elle influe beaucoup sur celle du corps.

Maluit parlait doucement au malade ; ce qu'il lui disait était sans doute d'une nature bien conso-lante, car on voyait sur ses traits altérés l'expres-sion de la souffrance faire place à une résignation pleine d'espoir.

La voix du pasteur, affectueuse et confiante, était facilement entendue par toutes les personnes présentes, quoiqu'il parlât trop bas pour fatiguer le pauvre homme blessé.

Les trois femmes agenouillées avaient relevé la tête.

Toutes les douleurs étaient soulagées.

Le sentiment de l'amour de Dieu était là.

Maluit connaissait la puissance de la Parole de son Maître. Il était sûr de ce qu'il disait. Il n'avait pas dit dans le doute et pour consoler le malade :

Vous guérirez ; mais il lui disait avec une pleine assurance :

— Dieu fera pour le mieux. Soyez tranquille. *Ne vous inquiétez d'aucune chose ;* le Seigneur est là.

Sa conviction passait dans l'âme de son frère ; elle relevait le cœur de ces pauvres femmes désolées.

Maluit pria.....

Et quand il eut exprimé en quelques paroles les sentiments de tous ; et quand il eut tout mis, avec la plus entière confiance, entre les mains de Dieu, le malade était évidemment soulagé.

— Je suis heureux, dit-il à Maluit en pressant doucement sa main, qu'il voulait porter à ses lèvres.

Pierre était ému. Il regardait Charles, dont les traits trahissaient une grande surprise.

Maluit, après avoir réglé les soins à donner au malade, sortit suivi de ses amis.

— Il a les os des deux jambes cassés, disait Charles, répondant aux questions de son oncle ; mais franchement cassés, ce n'est rien ! Ce qu'il y a de plus grave, ce sont les chairs qui ont été horriblement déchirées. Le pansement a été très curieux. J'aurais voulu que vous vissiez cela, mon oncle, et vous aussi, Monsieur Maluit. Deux fois, j'ai cru que la vie s'en allait avec son sang, qu'il perdait avec abondance. Je suis parvenu à grand'-peine à arrêter l'un et l'autre ; je ne suis pas surpris de l'ancienne opinion qui confondait le sang avec la vie.

— Cet homme a dû souffrir des douleurs extrêmement vives, observa M. Maluit.

— Pas autant qu'on le croirait, répondit Charles ; les grandes souffrances ont pour effet nécessaire l'engourdissement, l'insensibilité ; et en admettant qu'elles puissent, dans certains cas extra-
ordinaires, ne pas avoir cet effet, elles en ont
alors nécessairement un autre : l'évanouissement.
Dans ces deux suppositions, le malade cesse de
souffrir.

— Dieu est bon ! dit Pierre.

— Et il sait faire sortir le bien du mal, ajouta
Maluit.

— Il est certain, poursuivit Charles, que la nature s'est montrée prévoyante, et qu'auprès de
chaque mal, elle a placé un remède et une res-
source. Il est extrêmement curieux d'observer
dans un corps malade, les incroyables efforts de la
nature pour réparer et pour rétablir. On dirait une
haute intelligence, un habile ouvrier, une mère attentive. Vous avez observé, mon oncle, en parcourant ces pays fréquemment déchirés par les vol-
cans ou les tremblements de terre, que la nature
se sert de ces désordres mêmes pour féconder les
lieux où ils éclatent. Vous avez admiré la végéta-
tion vigoureuse qui, au bout de quelques années,
recouvre de sa magnifique verdure les laves horribles et les cendres brûlantes que le volcan avait
vomies. On peut dire que la même chose se passe
dans l'intérieur de notre corps après les accidents
et les blessures ; les os se soudent, les muscles se

reprennent, la peau s'étend, les veines, même les artères, sont suppléées par leurs anastomoses. La nature est sage et ingénieuse.

— Qu'entendez-vous, mon cher enfant, par la nature ? lui dit Pierre avec douceur.

Charles le regarda.

— Mais la nature, mon oncle, c'est l'être..... l'ensemble de tout ce qui est; c'est..... la substance universelle qui est en tout et qui est tout ! Sa puissance se manifeste dans la matière brute par les propriétés des corps; dans la nature organisée, par l'arrangement, par la vie, qui est son dernier mot, son chef-d'œuvre.

Maluit posa sa main sur l'épaule du jeune docteur.

— Dites-moi, Charles, ce pauvre blessé, pendant le pansement long et difficile, que sa position a nécessité, a-t-il montré quelque courage?

— Beaucoup, Monsieur; il consolait lui-même sa femme et ses enfants, leur disait d'espérer, leur recommandait de ne pas me troubler par leurs larmes. Et comme j'hésitais à sonder certaines parties de ses plaies, craignant qu'il ne pût soutenir cette opération, il m'a engagé à le faire. C'est un homme d'une vigoureuse nature; elle l'a beaucoup soutenu.

— Comment ! dit Pierre en souriant, ce qui a soutenu cet homme, c'est l'ensemble de ce qui est..... c'est la substance universelle qui est en tout et qui est tout?

—Vous ne me comprenez pas, mon oncle, dit

Charles embarrassé; nous prenons ce grand mot *nature* dans plusieurs acceptions. Ce qui a soutenu cet homme, c'est son tempérament, sa force musculaire; peut-être aussi, car j'ai déjà eu l'occasion de le soigner dans une forte maladie, la confiance qu'il avait en moi.

— Ce qui a soutenu cet homme, dit Maluit d'un ton grave, c'est Dieu! Dieu, qui s'est glorifié lui-même dans un de ses plus humbles serviteurs; Dieu, qui mesure toujours l'épreuve qu'il envoie à ses enfants à la grâce qu'il leur accorde. Et l'attitude de cet homme, l'expression de ses yeux, les paroles qu'il prononçait dans ses souffrances, n'ont pu vous laisser le moindre doute sur l'origine de la force qui le soutenait..... Charles, mon jeune ami, ajouta-t-il d'un ton plein d'affection, n'avez-vous pas prié avec nous quand nous étions rangés autour du lit de ce pauvre malade? Avez-vous tant de confiance en votre art, que vous pensiez que la bénédiction de Dieu est inutile là où votre main a passé? Pouvez-vous consoler cette famille, rendre la santé à son chef? Lui dites-vous, avec confiance en vous-même : Je vous guérirai. Prévoyez-vous les accidents qui peuvent survenir, déjouer tous vos soins, rendre votre zèle inutile? Comptez-vous sur vous-même ou comptez-vous sur la nature?.....

Après une pause, Maluit continua :

— Eh bien! moi, je compte sur Dieu; je sais que Dieu *fera* précisément ce qu'il *faut faire*. Mauriac le sait aussi; voilà tout le secret de son courage. Avez-vous compris le sens, humble et profond, des paroles qu'il vous adressait, lorsque vous vous informiez des causes de son accident : « J'ai commis une grande imprudence, vous disait-il, mais Dieu m'a protégé. » Dieu m'a protégé! Dieu me protége! voilà l'explication de cette force, qui sans cela, avouez-le, est tout à fait inexplicable. Vous m'avez, je le sais (et vous partagez en cela le préjugé d'un grand nombre de vos confrères), vous m'avez vu avec répugnance approcher du lit de Mauriac. Mais, maintenant, mettez la main sur la conscience; lui ai-je fait du mal? J'ai vu votre surprise, Charles; je lui ai fait du bien. Non pas que j'aie en moi quelque puissance, hélas! mon cœur tremblait... mais j'étais envoyé de Dieu près de cet homme... mais j'y allais avec la compassion d'un frère... mais je priais pour lui...

Charles se taisait. Il éprouvait pour Maluit, comme tous les membres de sa famille, un respect mêlé d'affection. Il avait été frappé de ce qu'il avait vu et entendu dans la chambre du malade, et il se trouvait dans un de ces moments où l'homme s'indigne contre lui-même, parce qu'il sent que toutes ses idées sont ébranlées, et qu'il se surprend à presque croire ce qu'il repousse habituellement comme mensonges ou comme préjugés.

Cette préoccupation le tenait encore, lorsqu'il rejoignit sa famille dans la salle à manger.

VIII

A l'angle de la belle maison de M. de Bolbec, du
côté du soleil levant, entouré par le jardin et à
moitié caché aux regards par ses beaux ombrages,
se trouvait, au premier étage, un appartement dans
la disposition et l'ameublement duquel on semblait
avoir épuisé tout ce que peuvent fournir d'agrément et de commodité, l'intelligence, le goût et la
richesse.

C'était celui des demoiselles de Bolbec.

Sara et Hélène, lorsque Louise eut atteint sa
quinzième année, renoncèrent joyeusement à leur
cabinet de toilette pour que leur jeune sœur fût
auprès d'elle. La porte du cabinet, qui restait
nuit et jour ouverte, faisait habiter, pour ainsi
dire, les trois enfants dans la même chambre, et
leur salon de réception, ainsi que leur chambre
de travail, qu'elles appelaient *la bibliothèque*, quoiqu'elle contînt, à la première vue, autant de chif-
fons que de livres, se trouvaient, disaient-elles,
juste assez grands pour qu'elles s'en servissent
toutes les trois.

Quelques instants après celui où, du haut du

rocher du jardin de M. Maluit, nous l'avons vue apparaître sur la cime des arbres comme une fille de la forêt, Louise traversait en courant les vastes jardins, montait rapidement les escaliers, et entrait dans la chambre de ses sœurs.

— C'est fini ! s'écria-t-elle d'un ton joyeux ; c'est enfin fini, grâces à Dieu !..... Oh ! comme je suis fatiguée, ajouta-t-elle en se laissant tomber dans un fauteuil qu'elle abandonna à l'instant même pour tirer les rideaux et les jalousies, mouvement qui fit jaillir des torrents de lumière dans cette chambre restée jusqu'alors à demi obscure. Je crois que vous êtes encore couchées. Comme il fait nuit ici !

Hélène, encore dans son lit, cacha sous ses deux mains ses yeux blessés par cette brusque apparition du jour.

Et Sara, qui, assise devant une glace, arrangeait avec soin les belles boucles de ses cheveux noirs, se hâta de faire tomber l'épais rideau de mousseline placé en face de sa sœur.

— Tu étais donc sortie, petite? dit-elle en appuyant ses lèvres sur les joues vermeilles de la jeune fille, qu'elle attira sur ses genoux, mais qui les quitta aussitôt pour aller, d'un seul bond, se jeter dans les bras d'Hélène.

— Je me suis levée avec l'aurore, Mesdemoiselles, et vous pouvez me rendre le témoignage que je n'ai pas troublé votre sommeil.

— C'est-à-dire, dit Hélène, que tu m'as fait une peur effroyable !

—A présent! s'écria Louise. Oh! je le crois bien! il est neuf heures. Mais ce matin, quand je suis sortie, vous dormiez toutes deux comme deux enfants que vous êtes, et moi, comme une bonne mère, je veillais sur votre sommeil..... Mais c'est fini! répéta-t-elle avec exaltation. Mon oncle a eu beau nous surprendre par sa brusque arrivée, nos bons ouvriers ont passé la nuit. Edouard prétend que c'est par ce chemin que le bonheur doit venir à mon oncle; le pont-levis seul manque encore; mais, pendant que nous déjeunerons, il sera mis à sa place; et puis..... quand nous arriverons, conduisant M. Pierre de Bolbec par ce chemin inconnu, comme celui que se frayèrent Annibal et Napoléon sur les Alpes, jusqu'au bord du torrent qui nous fermera le passage, un léger coup frappé par vos jolis doigts, Sara, ou par votre blanche main, Hélène, le pont tombera et nous serons sous le rocher du jardin de M. Maluit; vous savez? près de ce banc sauvage où Madame Maluit aime tant à s'asseoir, disant que là elle est seule avec Dieu et son œuvre..... Oh! nous lui avons gâté sa retraite; mais, s'il lui plaît, elle en trouvera mille plus sauvages et plus délicieuses encore, dans la forêt que nous lui avons ouverte. Quand il n'y aurait que mon rocher, Sara, mon observatoire où tu n'as jamais osé monter et d'où j'ai cru une fois qu'Hélène n'oserait jamais descendre.

Et Louise, se rappelant cette scène, se mit à rire d'un rire si franc, si joyeux, si entraînant, que ses deux sœurs riaient aux éclats avec elle, quand Madame de Bolbec entra.

Celle-ci les reçut tour à tour dans ses bras avec une vive tendresse.

Heureuse et fière de ses filles, elle les regardait avec orgueil. Elle s'applaudissait de les voir si intelligentes et si jolies..... ne pensant pas peut-être à remercier Celui qui répand avec tant d'amour ces doux parfums sur notre vie; semblable en cela à bien des mères, que la vue de leurs enfants rend orgueilleuses au lieu de les faire reconnaissantes, tant le cœur humain est porté à faire tourner contre lui-même les grâces de son Dieu.

— Madame Maluit est déjà arrivée, chers enfants, dit Madame de Bolbec à ses filles, et vous ne pensez pas même à venir la recevoir. Hélène n'est pas encore habillée; Louise est forcée, après sa promenade matinale, de refaire sa toilette; Sara...

— Sara est prête, maman, dit la gracieuse jeune fille en jetant un dernier regard sur la glace, et relevant une boucle de cheveux qui ne lui parut pas harmonieusement placée, et je vais recevoir notre amie jusqu'à ce que vous descendiez avec mes sœurs. Elisabeth nous a-t-elle amené ses enfants?

— Oui; nous les avons tous pour toute la journée. Votre père a pensé que cette réunion de famille serait agréable à votre oncle, comme à nous tous.

— Ah! tant mieux! dit Louise; je vais voir ce qu'Edmond m'a apporté.

— Mais tu auras la complaisance de t'habiller, petite fille.

Louise, retenue par sa mère, se décida à renouveler son costume, qui se ressentait un peu trop, comme Charles trouvait souvent l'occasion de le dire, de ses nombreux contacts avec la forêt.

Et tandis qu'elle et Hélène s'habillaient en se rendant mutuellement tous ces petits services que des sœurs se rendent si volontiers, Madame de Bolbec, passée dans la chambre voisine, présidait à l'arrangement de plusieurs caisses et cartons que M. Pierre de Bolbec avait apportés pour ses nièces.

C'était une surprise qui attendait les jeunes filles quand elles rentreraient dans leurs appartements.

Sara, en entrant dans le salon, n'y trouva plus Madame Maluit, qui s'était avancée dans l'avenue à la rencontre de son mari et de ses deux compagnons de promenade.

Edmond était plongé dans la contemplation d'un riche album qu'il avait trouvé sur une table.

M. de Bolbec, tenant Anna sur ses genoux, avait jeté dans son tablier une poignée de pièces d'or et d'argent, et il était attentivement occupé à lui expliquer la valeur de chacune d'elles.

L'enfant s'amusait avec les pièces au lieu d'écouter l'explication.

— Jacques! dit M. de Bolbec à un vieux domestique qui traversait le salon, vous porterez au boulanger et au boucher l'ordre de fournir, pour mon compte, à la famille Mauriac tout ce qui lui sera nécessaire tant que durera la maladie de ce pauvre homme. S'est-on informé de son état?.....

— M. Charles a passé auprès de lui la matinée et ne peut pas tarder à rentrer. J'ai pensé qu'il donnerait à Monsieur les informations les plus sûres.....

— C'est bien. Cinq livres de pain par jour et deux livres de viande, cela suffira, je pense, pour les Mauriac. Vous aurez soin de tenir une note exacte de tout ce qu'on pourrait leur fournir au delà. Vous préviendrez les fournisseurs que leur compte sera soldé sur cette base, et vous direz à la famille de Mauriac qu'elle ne doit avoir aucune inquiétude.

— C'est un malheur! continua-t-il en se parlant à lui-même; un des meilleurs ouvriers de la forge! Il sera très difficile de le remplacer.

Il reconnut soigneusement les pièces que lui tendait Anna; il les mit dans sa bourse, prit l'enfant par la main et sortit du salon.

Quelques heures après, les deux familles étaient réunies sous un vaste et élégant portique qui, soutenu par une double rangée de gracieuses colonnes, et élevé seulement de quelques marches au-dessus du sol, s'étendait sur toute la façade du côté du jardin.

Les arbustes les plus recherchés des deux mondes y étalaient, dans de riantes corbeilles, leurs corolles aux vives couleurs; et le souffle d'un beau jour d'été, tamisé par les arbres de la forêt, y arrivait tout rempli d'une fraîcheur embaumée.

M. Maluit et Edouard, debout auprès d'une colonne, s'entretenaient à demi voix.

M. de Bolbec, appuyé contre une table, adressait à son frère de fréquentes questions et paraissait inscrire, sur un registre ouvert devant lui, les réponses que celui-ci lui faisait. L'air de satisfaction répandu sur son visage, pouvait faire présumer que le long voyage de M. Pierre avait été, commercialement, très heureux.

Les dames écoutaient, attentives et émues, les détails que leur donnait Charles, sur l'accident arrivé à Mauriac et l'état dans lequel il se trouvait.

— Guérira-t-il, ce pauvre homme? disait la douce voix d'Hélène. Quel affreux malheur pour ses filles ! Moi, qui avais tant de peur en m'approchant de ces horribles machines toujours menaçantes ! Oh! mon cher père, vous devriez les faire détruire, pour éviter de semblables accidents.

M. de Bolbec sourit et acheva d'écrire sur ses tablettes la phrase commerciale, qu'il prononça comme répondant à sa fille :

— Vingt-trois pour cent, brut; treize, net.

Cet à-propos fit rire Louise, qui pleurait au récit de Charles, et son sourire brillant parmi ses larmes fut gravement comparé par le jeune homme, au soleil luisant au milieu des gouttes de pluie, dans une matinée d'avril.

— Nous avez-vous apporté des livres, mon cher oncle? interrompit Sara; nous sommes, vous savez, dans une pénurie extrême. Puis, si pendant notre exil dans cette campagne, nous n'avons pas soin de nous tenir au courant de tout ce qui paraît de nouveau dans le monde, quand nous y reviendrons nous serons comme des sauvages.

— Un semblable malheur vous menace très peu, ma chère, dit en souriant Madame Maluit ; vous possédez abondamment tout ce qui peut vous assurer l'approbation et l'admiration du monde. Votre inquiétude à cet égard me semble peu fondée, et les précautions que vous tenez à prendre, peu nécessaires. Votre souci me rappelle une parole de notre Sauveur, que je n'applique pas à vous, Sara, mais seulement à ce que vous venez de dire : « Les enfants de ce siècle sont plus prudents, dans leur génération, que les enfants de lumière. » Vous êtes parfaitement prête à paraître, quand il le faudra, dans le monde, et vous pensez à vous y préparer encore, tandis que.....

Madame Maluit s'arrêta en rougissant.

— Vous êtes très peu prête à paraître devant Dieu, et vous n'y pensez pas, dit Louise.

— C'est très bien, chère fille, s'écria M. Maluit, qui s'était approché avec Edouard ; je vous remercie de la bonne leçon que vous venez de donner à ma femme. Je ne sais vraiment pas, ajouta-t-il en jetant sur la jeune femme un regard de doux reproche, pourquoi, quand on a la conviction que l'on dit une chose que Dieu approuve, on s'arrête à moitié chemin.

— Surtout quand on parle à des amis, dit Madame de Bolbec, qui peuvent quelquefois ne pas partager nos opinions, mais dont l'affection est inaltérable et mêlée, croyez-le bien, d'une vive reconnaissance.

— Et moi, je vous remercie, Elisabeth, de ce que vous avez eu l'intention de me dire, dit tout bas Sara en se penchant vers elle et lui pressant affectueusement la main ; j'avais très bien compris, et j'aurais fini votre phrase comme Louise. Cependant, croyez-le, mes pensées vont souvent bien loin de ce monde que vous m'accusez de trop aimer..... Oh ! si j'étais toujours avec vous, mon amie, dans cette tranquille retraite, où mes journées s'écoulent douces et paisibles, comme cette eau qui traverse notre jardin si lentement, qu'on dirait qu'elle veut y rester toujours, je deviendrais meilleure et plus heureuse peut être..... Mais nous avons un rang à soutenir ! les relations et la fortune de mon père nous font une position à laquelle nous ne pouvons pas nous soustraire. Nous sommes obligées de recevoir beaucoup de visites, beaucoup de personnes ; nous ne cherchons pas les plaisirs, les plaisirs viennent nous chercher. Si nous détestions cette vie bruyante à laquelle nous sommes condamnées, ce luxe et ces somptuosités au milieu desquels il nous faut vivre ; si nous avions horreur de ces fêtes nombreuses qui se succèdent dans notre vie, presque comme nos jours ; ne serions-nous pas bien malheureuses, Elisabeth ? Est-ce un péché d'aimer toutes ces choses que Dieu nous a données ? d'être contente du sort qu'il nous a fait ? de m'abandonner avec joie à cette vie du monde que je ne puis pas éviter? Voyez, jugez-moi, mon amie ; quels que soient vos sentiments et vos habitudes, je sais que vous êtes trop juste pour me condamner.

Madame Maluit était embarrassée.

Elle avait une vive affection pour Sara ; elle appréciait tout ce qu'il y avait d'aimable dans le caractère de cette jeune fille ; elle l'avait vue quelquefois attentive et recueillie aux prédications de son mari ; elle savait que la piété trouvait parfois le chemin de cette jeune âme, et quoiqu'elle sentît le sophisme qui lui aveuglait l'esprit, elle ne se sentait pas le courage de lui ôter son illusion.

Elle allait lui répondre avec trop d'indulgence.

Heureusement, Édouard la prévint.

Il s'était approché sans être aperçu ; il avait entendu les derniers mots prononcés par sa sœur. Il se pencha à son oreille et lui dit, de ce ton sérieux qu'il avait toujours quand il parlait des choses saintes :

—« N'aimez pas le monde, ni les choses qui sont du monde, car si quelqu'un aime le monde, l'amour du Père n'est point en lui. »

Sara tressaillit.

Ces paroles ne lui étaient certes pas inconnues ; mais elle leur trouva un sens qui n'avait jamais jusqu'alors frappé son intelligence.....

Ce fut comme un trait de lumière qui traversa son esprit. Son expressive physionomie exprima à la fois la surprise et la crainte.

— Celui qui nous juge, continua Edouard, est

encore plus juste que Madame Maluit; et cependant, vous le voyez, Sara, il vous condamne. On ne peut pas aimer Dieu et le monde. Il faut choisir. Oh ! puisses-tu, ajouta-t-il en touchant de ses lèvres le front blanc et pur de la jeune fille ; puisses-tu choisir la bonne part que ton Sauveur te présente !

Sara regarda Edouard avec une inexprimable tendresse ; et se levant aussitôt, elle prit son bras et l'entraîna sous les arbres du jardin.

— Bon ! dit M. de Bolbec, en voilà deux qui nous échappent..... Vous dites 63,000 francs, Pierre ?... Pourquoi ne les avez-vous pas retenus, Madame Maluit ?

— Mon cher ami, dit Madame de Bolbec, c'est assurément votre faute ; votre frère arrive à peine de voyage ; nous sommes réunis pour la première fois depuis son retour, et au lieu de nous le laisser, vous le forcez, à notre grand regret et à son visible ennui, à s'entretenir avec vous de choses qui seront très bien dans vos bureaux, mais qui ici, sous ces doux ombrages, au milieu de ces fleurs et de ces jeunes filles..... Allons, fermez vos tablettes, déridez votre front, appelez vos enfants qui reviendront en toute hâte..... Et vous, mon cher frère, approchez-vous de moi et venez nous parler de vos voyages, qui nous ont paru si longs, mais dont les récits seront pleins de charmes. Je vous assure que nous les trouverons toujours trop courts.

Charles sortit pour rappeler Edouard et Sara,

mais il parcourut inutilement plusieurs allées. Ils avaient disparu.

M. Pierre de Bolbec s'approcha des dames, et pendant longtemps il sut captiver l'attention même de Louise, par cet art de raconter qu'il possédait à un si haut degré, et dont quelques rares personnes semblent seules avoir le secret.

Quand Edouard et Sara rentrèrent, la nuit était venue.

Les lampes étaient allumées dans le salon. Les croisées, grandement ouvertes, laissaient entrer l'air frais du jardin.

M. Pierre de Bolbec faisait retirer d'une caisse de voyage et déposer sur une table une multitude d'albums, de livres et de brochures, sur lesquels les diverses personnes présentes jetaient un rapide coup d'œil.

Les jeunes gens se joignirent à leurs amis, et partagèrent pendant quelques instants leur occupation, sans que nul s'aperçût de leur présence. Une observation que fit Edouard à haute voix, au sujet d'un livre qu'il tenait entre ses mains, attira l'attention sur lui.

— Vous commenciez à nous inquiéter, mes enfants, dit Madame de Bolbec d'un ton de reproche.

Elle regarda Edouard, dont les beaux traits lui semblèrent plus affectueux et plus sereins qu'à l'ordinaire. Ses yeux cherchèrent sa fille... Celle-ci était assise dans un angle du salon. Elle avait pris un album qu'elle feuilletait avec négligence. Ses regards et ses pensées étaient ailleurs.

— Sara, vous êtes fatiguée, lui dit sa mère, vous avez fait une trop longue promenade..... Charles, fermez cette fenêtre auprès de votre sœur..... Edouard a oublié que vous n'êtes qu'une faible femme, mon enfant; une course de plusieurs heures ne vous va pas du tout.

Il y avait alors, certainement, sur les traits de Sara, une expression qui ne leur était pas ordinaire.

Ces jolis traits, où se peignait habituellement une gaieté pleine d'expansion et de grâce légère, avaient dans ce moment quelque chose de sérieux qui laissait deviner une émotion vive et profonde.

Il lui eût été alors très difficile de faire entendre un de ces mélodieux éclats de rire dont elle possédait l'heureux privilége; et quand elle répondit à sa mère, ce fut avec une voix si tremblante et si attendrie, que tous ceux qui l'entendirent, s'étonnèrent comme si quelque chose de nouveau arrivait au milieu d'eux.

Charles regardait attentivement sa sœur, depuis son entrée dans le salon.

Sa profession, à laquelle il était entièrement dévoué, avait perfectionné, en l'exerçant, le talent naturel qu'il possédait de lire dans les traits les émotions de l'âme. D'ailleurs, Sara avait une physionomie si franche et si ouverte, que les sentiments qui l'agitaient, passaient comme un reflet sur sa figure et semblaient jaillir de son regard,

Charles pensa que Sara n'était pas malade; que Sara n'était pas fatiguée; que Sara n'était pas triste..., mais il vit qu'elle était vivement émue.

Il prit sa main, et dans un mouvement qui laissait voir la tendresse du frère à côté de la gravité du médecin, il la pressa silencieusement dans les siennes.

En même temps, il arrêta sur elle un regard si plein d'intelligence et de pénétration, que la jeune fille détourna la tête et cacha son front sur l'épaule d'Edouard qui s'était rapproché d'eux.

Charles avait compris.

Il se tourna vers son oncle, qui regardait cette scène avec une sorte d'inquiétude, et lui dit à l'oreille :

— Edouard l'a convertie.

— Ils nous convertiront tous, répondit Pierre.

— Amen! dit M. Maluit.

IX

Le brillant soleil d'un beau jour d'été épandait depuis plusieurs heures ses chauds rayons sur les toits d'ardoise de la grande maison, quand une fenêtre de la chambre des jeunes filles fut doucement ouverte par la main de Sara.

Au même instant, un bruit de pas se fit entendre dans le jardin, et Edouard se montra sous les grands arbres qui, de ce côté, s'avançaient jusqu'à toucher de leurs branches les murs du bâtiment.

Le frère et la sœur s'étaient toujours tendrement aimés; mais, ce jour-là, ils s'accueillirent avec un sourire si doux et si plein d'affection, qu'il révélait une entière sympathie entre leurs jeunes cœurs.

Sara traversa légèrement l'appartement où ses sœurs dormaient encore; et, déposant sans les éveiller un baiser sur le front de chacune d'elles, elle descendit dans le jardin.

La jeune fille avait conservé l'air recueilli et ému qui avait tant inquiété la veille le cœur de ses parents; et lorsque, après quelques paroles échangées avec Edouard, celui-ci la quitta pour appeler un domestique, et qu'elle s'avança seule sous les arbres, elle portait sur sa figure bien moins l'expression de fermeté qui indique une résolution prise, que l'air d'embarras, de timidité qui accompagne une nouvelle position.

Edouard, en la rejoignant, s'aperçut sans doute de sa faiblesse ; car il passa son bras autour d'elle comme pour la soutenir, et en même temps il lui adressa quelques paroles qui firent éclore le sourire sur ses lèvres et venir quelques larmes dans ses yeux.

— Je suis heureuse, dit-elle ; mais mon cœur est encore étonné des nouveaux sentiments qu'il éprouve. Il s'est fait en moi un changement inconcevable. Je comprends, mon ami, ces paroles de l'Evangile, jusqu'à présent obscures pour mon esprit : « C'est une autre créature. Toutes choses sont faites nouvelles. »

— Et tu les comprendras tous les jours davantage. Notre Sauveur fera passer ton âme par une suite d'étonnements dont la source est inépuisable. Oui, c'est une œuvre merveilleuse que celle qu'il opère au cœur de ses enfants. Le chemin de ta vie que tu as parcouru jusqu'à présent, grâce à sa bonté, doux et facile, tu vas le continuer pleine de joie, et tu verras la différence entre cette paix que promet le monde et celle que donne Jésus.

— Cependant, j'essayerais en vain de le cacher, je suis troublée au milieu de mon bonheur. Je pleure, mais je n'hésite pas, Dieu le sait. Comment hésiterais-je ? Sa vérité, son éclatante vérité remplit mon âme; il me serait tout à fait impossible d'aller ailleurs..... qu'à lui. Si je mourais aujourd'hui, je serais heureuse, heureuse avec mon Dieu, et pourtant j'éprouverais un vif regret, celui de laisser sur la terre tous mes amis, de me séparer d'eux..... Eh bien ! ce regret, ou quelque chose de semblable, c'est singulier, je le sens. Oh ! oui, Edouard, ajouta-t-elle en sanglotant et cachant sa figure couverte de pleurs sur la poitrine de son frère ; il me semble que je me sépare de mes amis.

Edouard la pressa sur son cœur avec une vive tendresse.

— Voici du moins un ami qui te reste, répondit-il, en reposant sur elle un regard plein aussi de douces larmes, et que tu viens consoler dans son isolement.

— Oh ! j'ai pleuré sur toi bien souvent, Edouard, s'écria-t-elle. Pourtant, tu étais toujours si calme, si tranquille..... Oh ! comment ai-je pu si longtemps méconnaître la source de cette paix dont je te voyais jouir, dans une position qui me semblait si malheureuse, isolé de nous tous !...

— Et priant pour vous tous, quelquefois avec larmes, mais le cœur plein de vives espérances que Dieu réalise, et je l'en bénis ; car nous prierons tous deux désormais. Cependant, je dois te le dire, j'en ai souffert longtemps; oui, bien longtemps..... jusqu'au moment, et c'est précisément l'époque où je sortis de la Faculté de droit, où Dieu me fit comprendre que cette séparation, sur laquelle je gémissais dans mon ignorance, était complétement imaginaire; qu'il n'y avait en effet, entre moi et mes amis, aucun lien brisé, aucune relation rompue.....

Sara l'écoutait avec doute.

— Non, reprit-il, aucun. Vous aimais-je moins? Mon cœur me rendait le témoignage que je vous aimais plus, que vous m'occupiez davantage..... Étais-je moins aimé de vous? Et n'ai-je pas remarqué que vous évitiez toutes les occasions de me blesser dans mes croyances; que vous cherchiez à me dédommager, par vos caresses, de ce que vous regardiez comme un malheur? N'ai-je pas surpris vos regards qui s'arrêtaient sur moi pleins d'une tendre compassion? Que de fois, pendant que vous dormiez tous, dans cette même allée des ormeaux où je ne suis plus seul maintenant, où ta présence me cause tant de joie, n'ai-je pas béni Dieu de m'avoir donné sur la terre de si bons parents, des sœurs si aimables, un frère si affectionné! Combien de fois vous ai-je appelé de mes vœux et de mes prières, et épiant dans mes souvenirs le moindre indice de religion en vous!... J'étais même parvenu, ajouta-t-il, voyant que ces détails intimes dans lesquels il entrait intéressaient vivement sa sœur, la rassuraient et la consolaient; j'étais même parvenu à me rendre compte de l'état religieux de chacun de vous, et de ce qui faisait dans son cœur obstacle au christianisme. Hélène et toi aviez pour ennemis le monde et l'amour des plaisirs; votre beauté, votre amabilité, vos grâces, les adulations et les flatteries dont on vous entourait, vous détournaient de la piété chrétienne, si bien faite du reste pour vous, à laquelle vous donniez par moments une partie de vos cœurs; mais Dieu ne veut pas des cœurs partagés.

Sara soupira.

— Je l'ai enfin compris par sa grâce, dit-elle, et la lutte a cessé. Oh! quand cessera-t-elle aussi pour ma chère Hélène, bien meilleure et bien plus pieuse que moi?

— Pourquoi plus pieuse? dit Edouard avec un vif intérêt.

— Oh! elle lit la Bible et elle prie plus que je ne faisais; mais, le dirai-je, elle réfléchit moins; ses impressions sont très vives, mais passagères. Un jour, nous revenions d'entendre M. Maluit, son sermon m'avait révoltée. Il avait prêché avec tant de force contre la mondanité, il avait tellement répété qu'elle est partout, dans les champs et à la ville, dans le bal profane et dans la réunion des chrétiens, partout lorsqu'elle est dans le cœur, et qu'elle est dans tous ceux qui ne se donnent pas entièrement à Christ, que je me sentais vivement blessée. Je m'en plaignis à Hélène. Je lui disais qu'il était bien à regretter que M. Maluit employât son beau talent à soutenir une thèse aussi fausse; que c'était là du fanatisme, de la superstition..... Elle me répondit, à ma grande surprise et d'un air tout ému : « Moi, j'ai vu dans la Bible, et je sens

dans mon cœur qu'il a raison. Oh! Sara, ajouta-
t-elle, nous sommes des folles. » Et elle se mit à
pleurer. Eh bien, ce sermon, ces paroles d'Hélène, me troublèrent pendant plusieurs jours;
tandis qu'elle, l'instant d'après, m'entretenait de
choses tout à fait étrangères, et mettait, hélas!
autant d'ardeur, presque autant d'émotion, à dé-
fendre son opinion sur un nœud de ruban ou sur
la forme d'une robe, qu'elle en avait mis à me
dire : « Je l'ai lu et je le sens. »

— Je me suis souvent affligé, dit Edouard, de
ma timidité, de ma négligence, dirai-je, qui m'em-
pêchaient de vous parler de ce qui occupait continuellement ma pensée ; mais je n'avais jamais senti
aussi vivement toute la grandeur de ma faute. Ton
récit est pour moi un poignant reproche. Oui, je
suis bien coupable envers toi et envers Hélène,
envers vous tous, mon Dieu !

— Ne dis pas que tu es coupable, lui répondit
Sara. N'est-ce pas nous, plutôt, qui t'avons re-
poussé, qui n'avons pas voulu t'entendre, qui
avons fermé les yeux à toutes les merveilles que
Dieu faisait autour de nous? N'y a-t-il pas déjà des
années que Dieu frappe à la porte de mon cœur?
Est-ce ta faute si je l'ai tenue fermée, cette porte?

Edouard et Sara, en s'entretenant ainsi, en s'en-
courageant l'un l'autre dans une mutuelle effusion
de leurs cœurs, en priant Dieu de leur faire la grâce
de servir d'instrument pour la conversion de ceux
qu'ils aimaient, en formant des plans de conduite
pour l'emploi de leurs jours, étaient parvenus au

pied du belvédère, situé à l'extrémité du jardin.

Ils en firent le tour par un passage nouvellement ouvert, mais que des touffes de laurier, adroitement ménagées, masquaient à la vue. Ils trouvèrent là le domestique, averti par Edouard, occupé à ouvrir une barrière conduisant dans la forêt.

— Que Dieu bénisse mes jeunes maîtres ! dit le domestique en se découvrant, et qu'ils parcourent pendant de longues années, le cœur joyeux, ce nouveau et joli chemin qu'ils ont fait faire. Passerai-je devant, Mademoiselle, pour aller baisser le pont-levis ?

— Merci, Joseph, dit Sara ; vous pouvez retourner à la maison. Nous déjeunerons chez M. Maluit, et nous rejoindrons nos parents à l'église. Qu'on ne nous attende pas.

Les deux jeunes gens s'avancèrent alors sous l'ombrage de la forêt.

Une jolie avenue de trois mètres de largeur, partout couverte d'un épais feuillage, et qui s'écartait gracieusement de la ligne droite pour tourner un rocher ou conserver quelque arbre séculaire que l'admiration de Louise avait protégé, baignée presque dans toute sa longueur par des eaux fraîches et limpides, que de loin en loin elle franchissait sur des ponts rustiques, les conduisit en moins de dix minutes, au bord du ruisseau qui servait de limite au jardin de M. Maluit.

Edouard fit tomber le pont-levis, et ils se trouvèrent auprès de M. Maluit lui-même, qui était assis au pied du rocher.

— Je vous attendais, mes chers amis, leur dit-il affectueusement, en pressant leurs mains dans les siennes. Soyez bénie, Sara, d'être venue dès ce matin participer à notre culte de famille. Que la grâce et la paix, ajouta-t-il d'un ton solennel et en étendant sa main sur la tête inclinée de la jeune fille, vous soient multipliées de la part de Dieu notre père, en Jésus-Christ notre Seigneur. Appuyez-vous sur mon bras, chère enfant, continua-t-il en la voyant toute tremblante ; vous êtes venue à la vérité par un chemin de bénédiction et de grâce. Dieu vous a appelée et vous a épargné l'épreuve. « Soyons reconnaissants. »

Le temple de Bolbecville s'élevait à l'extrémité du village, sur le chemin qui conduisait à la maison du pasteur. Un vaste emplacement, parfaitement uni et sablé avec soin, le séparait de la rivière ; et c'était là que, tous les dimanches, les habitants du village, revêtus de leurs habits de fête, s'entretenaient paisiblement en attendant l'heure du culte et l'arrivée de M. Maluit.

Le jour dont nous parlons, plusieurs groupes s'étaient arrêtés au bord même de la rivière. L'accident de Mauriac, et l'arrivée, après une bien longue absence, de M. Pierre de Bolbec, étaient le sujet des conversations.

— Le bonheur et le malheur nous sont venus ensemble, disait une vieille femme qui s'était assise sur le gazon, entourée de sa nombreuse famille. Quand on pense que, dès hier matin, le cher homme était dans la maison du pauvre ouvrier blessé, et qu'il a donné l'assurance que la famille ne manquerait de rien, et qu'il trouverait de l'ouvrage pour les bras de Mauriac, si ses jambes ne pouvaient plus lui être utiles.

— Laissez parler celui qui sait, bonne femme, dit un homme en s'approchant d'un air d'importance. Je vous dis, moi, que Thérèse est plus heureuse et plus riche qu'elle ne l'était avant l'accident de son mari.

— Oh! mon Dieu, s'écria une jeune fille, comment peut-on parler ainsi? Pauvre Thérèse! Si elle perdait son mari, que lui feraient toutes les richesses du monde?

— Du pain et de la viande à discrétion..... rien que cela, reprit l'homme important. J'ai parlé moi-même au vieux Sigismond, qui apportait l'ordre.

Cette nouvelle circula dans la foule, qui devenait de plus en plus nombreuse; et quand la voiture de M. de Bolbec s'approcha de la porte du temple, toutes les têtes se découvrirent, et un concert de bénédictions se fit entendre.

— Bonjour, mes amis, bonjour, mes enfants, disait M. de Bolbec. Ne me remerciez pas pour votre camarade; je ne fais que ce que je dois. Vous travaillez pour moi, il faut bien que je vous nourrisse, vous et vos familles, quand vous êtes malades. C'est un compte ouvert entre nous; c'est de la justice.

Pierre s'était mêlé à la foule, et il allait de groupe en groupe, disant un mot à chacun et saluant par leur nom tous ceux qu'il rencontrait sur son passage.

Madame de Bolbec s'était arrêtée près d'une femme qui lui donnait, sur les besoins de sa famille, des détails qu'elle écoutait d'un air de grand intérêt.

Hélène, entourée de jeunes filles, leur adressait rapidement, et à voix basse, quelques instructions que Louise interrompait de seconde en seconde, sous prétexte de donner plus de force aux paroles de sa sœur.

Tout à coup le silence se fit sur tout l'emplacement, et M. Maluit, saluant affectueusement ses paroissiens, entra dans le temple suivi de toute la congrégation.

Il ne restait plus dans le village que quelques malades, et les personnes forcées de rester auprès d'eux pour leur donner des soins.

Le service divin commença immédiatement.

Deux choses étaient remarquables dans la célébration du culte, à Bolbecville.

Je ne parle pas du silence et du recueillement dans lesquels se tenait l'assemblée. Tous ceux qui ont assisté aux réunions religieuses dans une église protestante, en quelque pays que ce soit, ont pu faire une remarque de ce genre. Je ne dis rien non plus de la solennité grave et à la fois simple du culte ; cela tient essentiellement à la doctrine même des protestants, et à l'institution purement évangélique à laquelle ils sont restés fidèlement attachés : ils adorent « Dieu en esprit et en vérité. »

Ce qui distinguait le culte célébré dans le temple de Bolbecville, était l'ordre établi pour la lecture de la Bible et pour le chant des cantiques sacrés. Nul n'était admis à lire devant l'assemblée, s'il n'était désigné par le choix des fidèles. Au commencement de chaque année, tous les pères de famille, réunis dans la demeure du pasteur, dressaient la liste des lecteurs du temple. C'était un grand honneur et une grande joie pour ceux qui en faisaient partie; car il fallait, pour y être admis, trois choses que chaque femme désirait pour son mari, que toute mère demandait à Dieu pour son fils : le talent de bien lire, une piété exemplaire, une conduite irréprochable. Aussi l'on avait coutume de dire, pour faire l'éloge d'un homme : Son nom se trouve sur la liste des lecteurs.

Quant au chant sacré, on n'avait pas perdu de vue qu'il a pour objet d'édifier les âmes, d'élever vers le ciel la pensée des fidèles, et rien n'avait été négligé pour le conduire de manière à atteindre ce but.

Un chœur, formé par les voix les plus pures, le dirigeait; et M. Maluit était parvenu à faire comprendre à tous les membres de sa congrégation cette chose si simple, mais tant méconnue, que *pour chanter, il faut savoir chanter.*

Les seules voix justes, fraîches, sonores, se faisaient entendre dans l'église; et toutes les personnes qui, faute de savoir ou de voix, avaient dû se taire, n'avaient pas tardé à reconnaître qu'il y a beaucoup plus d'avantage à écouter un beau chant qu'à le troubler.

Les divers membres de la famille de Bolbec et de celle du pasteur s'étaient placés, en entrant dans le temple, au milieu des personnes avec lesquelles ils se trouvaient. Toutes ces distinctions que l'on remarque dans d'autres églises, qui semblent avoir oublié non-seulement les exhortations de saint Jacques et l'exemple du Christ, mais même ce grand principe de la religion naturelle : « Tous les hommes sont frères devant Dieu, » avaient été bannies avec soin de l'église de Bolbecville.

Quand M. Maluit monta en chaire, sa voix, plus encore qu'à l'ordinaire, sembla affectueuse et émue à ses auditeurs. La visite de Sara, qu'il avait reçue ce matin même, et celle qu'il venait de faire à la famille de Mauriac, avaient l'une et l'autre agité son âme.

La conversion de cette jeune fille élevée dans le monde, pourvue abondamment de tous les avantages dont il enrichit ses élus, entourée de toutes ces choses qui éloignent de Dieu..... lui paraissait un miracle de la miséricorde du Seigneur.

La force de ce pauvre ouvrier blessé, la sérénité de son âme, sa confiance en Dieu, son assurance au milieu de l'épreuve, l'exemple qu'il donnait à tous ses frères..., réjouissaient aussi vivement le cœur de M. Maluit. Il ne pouvait entretenir son auditoire que de ce qui remplissait son âme. Il prit pour texte cette parole : « Dieu est amour; » et, laissant un libre passage aux sentiments qu'il éprouvait, parlant aux hommes simples qui l'écoutaient avec une simplicité parfaite, montrant tour à tour l'amour de Dieu dans son œuvre auprès du riche, et dans son œuvre auprès du pauvre; les appels qu'il adresse à l'un et les consolations qu'il offre à l'autre; il fit voir que, dans les décrets de la miséricorde divine, les prospérités comme les misères sont des moyens de conversion et de salut.

— L'homme, dit-il, en fait des obstacles; mais quel est le bien, quelle est la grâce, quelle est la bénédiction, quelle est la faveur que l'homme n'a pas su, inspiré par son *cœur mauvais*, faire tourner contre lui-même? Jugeons les dons de Dieu sur ce qu'ils sont réellement, et non d'après le mauvais emploi qu'on en fait.

Voyez cette personne heureuse, heureuse dans le sens, quelquefois si menteur, qu'on donne à ce mot dans le monde, possédant tout, esprit, savoir, beauté, amis, fortune, chacune de ces bénédictions n'est-elle pas une voix de Dieu qui lui crie : C'est moi qui t'ai donné tout cela, et qui puis te donner bien plus encore. Chacune de ses bénédictions n'est-elle pas un moyen, une voie..... pour connaître Dieu, pour aimer Dieu, pour aller à Dieu ?...

Sara, émue, écoutait ces paroles, et se les appliquant en son cœur, elle bénissait Dieu et priait ardemment, pour que la joie qui remplissait son âme fût aussi accordée à tous les siens.

—Voyez ce malheureux, continua M. Maluit,

ce malheureux selon le monde ; pauvre exilé du bonheur d'ici-bas..... le dénûment, les privations, l'isolement, les maladies..... Vous le plaignez ? Oh ! plaignez-le, sans doute, et faites tout pour le secourir ; mais, sachez-le, dans chacune de ces misères, il y a une grâce de Dieu, un cri de Dieu qui s'adresse à cette âme, et qui lui dit : « Viens, je te donnerai tout au centuple ; viens, à qui irais-tu si tu ne venais à moi ? Viens, c'est moi qui bénis ; viens, c'est moi qui console ! » Oh ! oui, *Dieu est amour !*

X

Le soir du même jour, les deux familles étaient réunies dans la salle à manger de la grande maison.

Les jeux publics, les amusements bruyants, les réunions pour boire et pour danser, qui sont des fléaux pour les bonnes mœurs dans nos campagnes, n'étaient pas interdits le dimanche à Bolbecville, mais ils avaient été peu à peu abandonnés.

Les interdictions du cœur et de la conscience valent beaucoup mieux et sont plus efficaces que les interdictions de la loi. On ne s'abstenait pas de ces œuvres mauvaises parce qu'elles étaient défendues, mais parce qu'on n'y prenait plus de plaisir.

Les assemblées religieuses, qui ne laissaient entre elles que le temps de prendre un léger repas, remplissaient toute la journée, et l'usage s'était établi dans la plupart des maisons du village (il faut dire que cet exemple avait été donné par la grande maison et le presbytère) de réunir le soir quelques familles, qui passaient ensemble les dernières heures de la journée dans de paisibles et affectueux entretiens.

Le soir dont nous parlons, les réunions de famille s'étaient transportées en plein air, et se tenaient, pour la plupart, sur les bords de la rivière.

A l'exception des amis les plus intimes de la famille Mauriac, et de quelques autres qui se trouvaient dans des circonstances analogues, on peut dire que tout le village était là.

Comme la soirée s'avançait, — et les soirées s'avancent vite, même dans les beaux jours d'été, sur les limites de cette forêt et aux pieds de ces hautes collines, — un mouvement extraordinaire, qui semblait se communiquer de groupe en groupe, se manifesta dans cette foule.

Ils se levèrent des touffes de gazon et des doux ombrages où presque tous étaient assis; et chaque jeune fille prenant le bras de quelque ami, chaque mère rappelant autour d'elle ses enfants..., ils prirent la direction opposée à celle du village, suivant les bords de la rivière et le chemin qui conduisait chez M. Maluit.

L'arrivée d'un domestique de M. de Bolbec, qui s'était approché des premiers groupes et avait prononcé quelques mystérieuses paroles, était la cause évidente de ce mouvement.

Comme il était immédiatement reparti au galop de son cheval, et que tout le monde, dans le village, paraissait connaître d'avance le sujet de l'avertissement qu'il venait de donner, nous irons nous-mêmes, sans chercher d'autres éclaircissements, rejoindre nos amis dans le salon de M. de Bolbec.

— Maluit, disait celui-ci, vous nous avez parlé, dans votre sermon de ce matin, avec votre affection, votre piété et votre éloquence ordinaires; je ne veux pas vous faire de compliment, mon ami, même pour *dorer* une observation critique; mais il est sûr qu'il y a peu d'hommes qui sachent parler comme vous : cependant, je n'ai pu admettre tout ce que vous nous avez dit. Que la richesse, la beauté, la santé, soient des bienfaits de Dieu, qui le conteste ? Mais vous ne me ferez jamais croire qu'il en soit ainsi des misères, de la maladie, de la pauvreté.

— Le mal est un mal, dit Maluit; mais Dieu sait en faire sortir le bien. La misère et la maladie, et tout ce qu'il y a de souffrances physiques dans ce monde, sont les suites du péché, par conséquent, ce sont des maux quelquefois bien pénibles à supporter. Dieu n'en a pas dispensé ses enfants; mais il les fait servir à leurs progrès moraux. « L'épreuve produit la patience. » Il faut aussi reconnaître, avec Salomon, que « les mêmes accidents arrivent aux justes et aux injustes. » Ces accidents sont des malheurs pour les uns comme pour les autres; mais en faveur des siens, Dieu a mis une grâce dans chacun d'eux, même dans les plus terribles. Voyez : n'est-il pas vrai que la maladie conduit à la réflexion, que la pauvreté dispose à la prière; que le besoin de secours, ressenti tous les jours par le pauvre, le porte à se confier à Dieu;

que la perte de ceux qu'on aime détache de cette
terre?..... « Dieu fait concourir toutes choses au
bien de ses enfants. »

—Il y a beaucoup de vrai dans ce que vous dites
là, observa Pierre. J'ai vu mourir, dans des circonstances affreuses, une personne que j'aimais
d'une bien vive affection, et quand j'eus fermé
ses yeux pour jamais, quand j'eus vu la terre re-
couvrir tout ce qui me restait d'elle, et que je
dus rentrer seul dans la demeure où nous avions
passé ensemble tant de jours heureux..... alors,
c'est vrai, j'étais détaché de la terre..... j'aurais
voulu mourir.

—Oui, cher Monsieur Maluit, je reconnais aussi
la vérité de ce que vous dites, continua Madame
de Bolbec; pourquoi voudrions-nous vivre, — et
elle promenait sur ses enfants un regard plein
d'une inexprimable tendresse, — si nous perdions
les objets de tout notre amour? Dieu nous en
garde !.... Ne parlons pas de la mort... c'est épouvantable! Mais vous disiez aussi : La maladie nous
porte à la réflexion; et c'est parfaitement vrai.
Vous vous rappelez encore, mes chers amis, ces
longs jours pendant lesquels j'ai dû rester cou-
chée, et souvent me privant du bonheur de vous
voir, tant j'étais faible et souffrante?... Eh bien !
je puis dire que je n'ai jamais tant réfléchi, tant
pensé à Dieu, à l'autre vie, au salut, que dans
ces jours-là..... J'étais vraiment pieuse, Monsieur Maluit!

—Eh bien ! dit Charles, j'apporterai aussi mon

contingent à l'approbation générale. M. Maluit a dit
que la pauvreté porte à la prière et à la confiance ;
je l'ai éprouvé. Ne soyez pas surpris, mon père ;
dispensez-vous de vous moquer de moi, Hélène...
je l'ai éprouvé. J'étais bien jeune alors, j'avais encore toutes ces idées que l'on donne aux enfants...
Enfin, voici mon histoire. J'avais dépensé, en
quelques jours, la somme assez considérable qui
m'avait été envoyée pour mon semestre ; et comme
cela m'était déjà arrivé plusieurs fois pendant
mon séjour à l'académie, et m'avait attiré des re-
montrances qui n'étaient que justes, mais qui me
paraissaient honteuses et effrayantes, je résolus
de cacher ma position et de me créer des ressources
pour vivre. Je me mis à chercher des élèves et à
donner des leçons de latin ; mais j'étais fort novice ;
j'inspirais peu de confiance..... je me trouvai plusieurs fois assez embarrassé ; je vécus plusieurs
jours de pain, et je craignis même quelquefois
d'en manquer. J'en manquai même un jour, ma
mère ; dans un de mes plus mauvais moments, je
me souvins, comment cela me vint-il à la pensée ?
je ne sais !... je me souvins de cette parole que
Racine a prise dans la Bible : « *Aux petits des oiseaux
il donne leur pâture,* » et je me mis à prier Dieu de
tout mon cœur pour qu'il me donnât aussi ma pâture..... C'était le soir, ma fenêtre était ouverte ;
un de mes compagnons d'étude m'appela dans la
rue, et vraiment cela me parut presque un miracle,
il m'apportait, quelle fortune ! vingt-cinq francs,
que je lui avais prêtés depuis si longtemps que je

l'avais oublié. Cette circonstance me donna une telle confiance, que ma position cessa de me paraître inquiétante. N'ai-je pas, me disais-je, le secours de Dieu? Enfin le bout du semestre arriva, ce temps fâcheux s'évanouit.....

— Et ta piété aussi, lui dit son oncle.

—Ainsi donc, reprit M. de Bolbec, en admettant la vérité de ce que nous dit là M. Maluit, et vous m'y paraissez tous assez disposés, même Charles, on peut dire que la pauvreté poussant à la confiance et à la prière ; la maladie, aux réflexions salutaires ; la mort de nos amis, au désir du ciel, il en résulte,—et sa voix prit un ton de haute ironie,—que leur contraire, le bonheur, la santé et la richesse, sont des choses complétement détestables, et qu'elles font obstacle à la religion.

— Certes, s'écria Louise, « Il est plus facile à un chameau de passer par le trou d'une aiguille, qu'à un riche d'entrer dans le royaume des cieux. »

Charles sourit.

Pierre de Bolbec baissa la tête.

Son frère reprit, presque avec humeur :

— C'est encore là un de ces passages que je n'ai jamais compris. Il est très beau de consoler, de secourir le pauvre ; mais je ne vois pas pourquoi on condamnerait le riche.

— Ce passage, dit M. Maluit, ne condamne pas le riche ; il fait voir seulement les difficultés de sa position. La conclusion que vous tirez de mes paroles, confirmées par les récits de nos amis, n'est pas non plus très logique. Les prospérités d'ici-bas sont des bénédictions de Dieu, faites pour inspirer l'amour, la piété, la reconnaissance ; et quand celui qui les possède en use en chrétien, elles sont pour lui des moyens, et non des obstacles ; mais elles deviennent de terribles obstacles pour l'homme qui en abuse, pour celui qui en fait son Dieu et ses idoles; pour celui qui leur donne toute son âme. Si, au milieu de la vie de l'heureux de ce monde, il vous est impossible de trouver une place pour la piété, comme cela n'arrive, hélas ! que trop souvent, que penserez-vous de sa position, considérée au point de vue du christianisme ? Ne le plaindrez-vous pas de cette santé qui le réjouit, de ces richesses qui l'enorgueillissent, de tout ce bonheur qui l'enivre? Ne serez-vous pas conduit à regarder comme un obstacle ce que vous regardiez d'abord comme un bonheur? Nous repousserons donc, Monsieur de Bolbec, votre conclusion, qui, je le répète, n'est pas logique, et vous reconnaitrez avec nous, avec la vérité, avec l'Evangile, que les prospérités de cette terre sont des bienfaits de Dieu, qui concourent, pour leur part, au bonheur de ceux qui l'aiment, mais qu'elles peuvent devenir des choses extrêmement fâcheuses, et que, pour beaucoup d'hommes, elles sont un obstacle qui les arrête loin de Dieu; ce qui explique non-seulement le passage que citait Louise, mais beaucoup d'autres où la même pensée est clairement exprimée, comme la parabole du riche insensé, et la parole de David si obscure au monde : « Il m'est bon d'avoir été affligé. »

— Il est certain, dit Sara, pour confirmer encore par un exemple ce que vient de dire M. Maluit, qu'il est impossible de trouver dans le monde une famille plus heureuse que celle de notre ami M. David ; et cependant, vous savez tous combien elle est dénuée des biens d'ici-bas. L'emploi du père dans les forges leur donne à peine de quoi vivre ; les jeunes filles travaillent de leurs mains et vendent leurs ouvrages ; la mère est toujours malade ; le pauvre Georges, qui faisait la joie et l'espérance de tous, est mort misérablement. C'est une triste position, que la leur..... Eh bien, entrez dans leur demeure, vous n'y entendrez que des bénédictions et des actions de grâce..... Ces demoiselles me disaient un jour qu'il n'en avait pas toujours été ainsi ; qu'autrefois ils étaient riches, heureux, enviés, jouissant abondamment de toutes choses, mais en jouissant sans amour ; et elles répétaient la parole du prophète : « Il nous est bon d'avoir été affligés. » La prospérité est sortie de notre demeure, mais Dieu y est entré : que son nom soit béni !

— Tu crois donc, Sara, que le traitement de ce pauvre homme n'est pas suffisant ? interrompit M. de Bolbec. Je veux que tout le monde ici soit dans l'aisance, et, ajouta-t-il avec un fier sourire, ce sera une occasion de montrer au pasteur que l'argent, après tout, est bon à quelque chose..... Joseph, apportez-moi le livre du personnel de l'établissement, un des premiers volumes, lettre D.

Mais Joseph, manquant ce soir-là à son habitude

constante, n'était pas à portée de la voix de son maître.

Louise, qui s'en aperçut, rougit beaucoup, et dit tout bas à Hélène :

— C'est le moment ; d'ailleurs, voilà la nuit qui approche.

— Va donc, lui répondit Hélène.

Louise se leva, et, s'inclinant avec une grâce parfaite, qu'un léger embarras augmentait encore, devant M. Maluit et les MM. de Bolbec :

— Mon cher pasteur, mon père et mon oncle, dit-elle, dans cette belle soirée de dimanche, voudriez-vous m'octroyer un don?

— Certes, mon enfant ; tout ce que tu voudras ! s'écria Pierre ; tu n'as qu'à parler.

— Ce serait seulement de vous laisser conduire quelques instants par moi, dit-elle avec un fin sourire.

— Moi, je le veux bien, dit M. Maluit en se levant.

— C'est assez imprudent, dit le père, en suivant l'exemple du pasteur.

Les dames prirent leurs chapeaux, et, sous la conduite de Louise, tout le monde sortit du salon.

— Je crois que cette petite veut nous faire monter sur le belvédère. Il fait trop frais et encore trop clair, mon enfant, pour une leçon d'astronomie.

Pendant que Charles parlait, Louise avait fait le tour du petit édifice.

Ce fut une grande surprise pour les MM. de Bolbec; et M. Maluit lui-même, quoiqu'il connût depuis le matin le secret de Louise, ne put cacher son étonnement et sa joie.

Derrière le belvédère, la grille par laquelle nous avons déjà vu passer Edouard et Sara, toute grande ouverte, laissait voir le commencement de la nouvelle avenue, qui semblait se perdre dans la forêt.

Louise, au milieu de toutes les jeunes filles du village, invita ses amis à s'avancer sans crainte, sur cette nouvelle conquête de la civilisation.

Des jeunes gens portant des torches, qui semblaient allumer la forêt tout entière, étaient postés de loin en loin sous le feuillage; ils se tenaient immobiles comme les troncs des arbres auxquels ils s'appuyaient. Plus loin, les pères et les mères, les enfants et les vieillards, la population tout entière de Bolbecville, était réunie au pied de cette masse énorme de granit que Louise appelait son rocher.

L'avenue s'élargissait en s'en approchant, et se divisait en deux branches qui se rejoignaient après l'avoir dépassée. C'était comme une place publique au milieu de laquelle s'élève quelque pittoresque monument.

M. Pierre admirait le tracé hardi et gracieux du chemin nouveau qu'il suivait avec sa famille. Cet abandon de la ligne droite, cette adresse à profiter de tous les mouvements du terrain, de toutes les sinuosités du ruisseau; ce soin qu'on avait mis à tourner les obstacles et à les transformer en ornements, lui paraissaient le chef-d'œuvre de l'art, un prodige d'habileté et de force.

— Qui devons-nous remercier de ce beau travail? s'écria-t-il en s'approchant des ouvriers, qui le saluèrent de leurs joyeuses acclamations.

— Mademoiselle Louise! répondirent des centaines de voix.

— Louise! dit Pierre, en regardant la jeune fille et lui prenant tendrement la main. Ces doigts sont trop blancs et trop frêles, et cette tête, ajouta-t-il en lui mettant un baiser au front, est trop jolie et trop légère pour semblable travail. S'il ne fallait que de l'esprit et de la grâce, à la bonne heure; mais il y a ici du génie et de la force.....

— Il y a ici, dit Louise d'un ton sérieux, la pensée de mon oncle, M. l'ingénieur général de Bolbec, le désir de toute une famille qui l'aime, le cœur et les bras de tous ces braves gens, et, ajouta-t-elle avec un éclat de rire, le génie d'un papillon.

— Comment, d'un papillon?

— Oui. La pensée, je l'ai saisie un soir qu'elle tombait du haut du belvédère, où parlaient mon oncle et mon père, sans faire attention à moi. La force, je l'ai eue en disant seulement dans le village : Cela fera plaisir à mon oncle, à mon père et à M. Maluit. Quant au génie, je l'ai trouvé un jour que je rêvais, en poursuivant un papillon qui fuyait au travers des arbres, décrivant dans les airs, de ses ailes dorées, le plus gracieux feston,

Il m'apprit qu'on pouvait éviter les obstacles et marcher vers le but.

— C'est vraiment du génie ! s'écria Charles. Le grand Newton, en voyant tomber une pomme, n'a pas fait mieux ; et Annibal, en se frayant un chemin au travers des Alpes.....

— N'a pas fait aussi bien, dit Edouard ; car il le faisait pour la guerre, et Louise l'a fait pour l'amitié.

— Et l'amitié lui en tiendra compte, dit Pierre avec chaleur, ainsi qu'à vous tous, mes bons amis.

— Dieu vous le rende et vous bénisse ! dit le pasteur. Cette preuve d'attachement nous est précieuse ; pour moi, je n'oublierai jamais que vous avez sacrifié votre repos et donné de bon cœur votre travail et votre force, pour rendre mon chemin court et facile. Dieu vous bénisse tous !...

Un vieillard s'avança vers le pasteur et lui serra respectueusement la main, disant d'une voix toute pleine d'attendrissement :

— Notre chemin, c'est vous qui l'avez aplani, Monsieur ; c'est vous qui nous l'avez rendu doux et facile, et nous le continuerons *pleins de joie*, grâce à votre zèle et aux bénédictions qui ont accompagné votre travail au milieu de nous. Quand vous êtes venu, nous étions tous grossiers, violents, emportés, jaloux les uns des autres, ivrognes et paresseux pour la plupart. Vous nous avez donné votre travail et votre force, et vous nous avez faits chrétiens, grâce à Dieu. Oh ! il y aura toujours ici, et j'espère qu'en le disant nous ne vous offensons pas, Monsieur de Bolbec, ni vous non plus, Monsieur Pierre, des cœurs pour vous aimer, des mains pour vous servir.....

Une jeune femme s'avança timidement, et dit quelques mots à l'oreille du vieillard, qui reprit aussitôt :

— Pour votre remercîment et celui de vos amis, voulez-vous nous accorder une chose, Monsieur le pasteur? Ceci est un temple (et il montrait le dôme de feuillage qui les couvrait), où vous ne refuserez pas de prier. Dites pour nous la prière du soir; nous ferons tous ensemble ici notre culte de famille.

M. Maluit, pour toute réponse, promena autour de lui un regard qui semblait chercher la disposition de toutes ces âmes.

Il découvrit son front : toutes les têtes s'inclinèrent..., et l'encens de la prière monta, avec la brise du soir, au-dessus des arbres de la forêt.

XI

— Il faut avouer, disait Charles, se promenant
avec M. Pierre de Bolbec sous le portique du jardin, qu'il y a dans ces formes chrétiennes quelque
chose qui saisit le cœur, n'est-ce pas, mon oncle?
Quand, sur la demande de ce vieillard, sous cette
voûte de feuillage, au milieu du calme de cette
belle nuit, à la lueur de ces flambeaux, dans ce
silence mystérieux de la nature et des hommes,
la voix de M. Maluit s'est élevée pour célébrer les
louanges de son Dieu, et qu'il lui a parlé comme
s'il était là présent, prêt à l'entendre, à exaucer
et à bénir..... j'ai compris l'émotion de tous, car
j'ai senti que je la partageais moi-même. J'aurais
voulu oser pleurer, comme le faisaient ma mère,
Hélène et Louise... Quant à Sara, elle avait l'air
d'une prêtresse inspirée; son regard, toujours si
beau, avait quelque chose de céleste; elle m'a fait
trembler en la regardant. Cette surexcitation ner-
veuse est dangereuse, mon oncle! Oh! la religion
a aussi sa poésie, une sublime poésie!... Mais
toutes les exaltations, de quelque nature qu'elles
soient, ont quelque chose de sublime; et, malheu-

reusement, le sublime n'est pas un état normal et touche à l'aliénation mentale. Savez-vous que les fous religieux sont en grand nombre dans les hôpitaux ?

— Mon pauvre enfant, lui répondit Pierre, tu parles là de choses admirables, dont tu ne connais pas le premier mot. M. Maluit te répondra que ce que tu appelles l'état normal, dans ta langue médicale, est un état de péché et de misère, le plus fâcheux de tous les états ; et cependant M. Maluit n'est ni un fou, ni un enthousiaste, tu le sais bien. La scène d'hier soir a été, pour moi aussi, une sublime scène ; et je me suis joint de tout mon cœur, à l'ardente prière que notre cher pasteur faisait à Dieu pour tout ce peuple si changé, si extraordinaire, qui, lui non plus, n'est pas dans son état normal. Dans leur état normal, qu'auraient-ils fait, ces hommes qui venaient de nous rendre un grand service, de nous donner une preuve de dévouement, à qui nous donnions des éloges et que nous remercions? Dans leur état normal, dans l'état où était cette population il y a à peine dix années, ils nous auraient demandé en récompense de l'argent pour se divertir, des violons pour danser, du vin pour boire. Hier, qu'ont-ils demandé? Une prière !... Comprends-tu ça, docteur? une prière !... Et l'incrédule de bon ton qui se serait détourné avec dégoût d'une scène de joie populaire, disant : Il faut que ce peuple s'amuse ; mais il est bien grossier..., s'est senti tout ému à la vue de ces hommes réunis pour prier..... Mon pauvre Charles! il y a là quelque chose que tu ne comprends pas encore, mais qui doit être vrai.

— C'est du moins singulier, répondit Charles, et voici un trait bien autrement surprenant, je puis vous le dire sans indiscrétion. Vous vous rappelez ce que nous disait hier Sara de M. David et des malheurs de cette pauvre famille? Mon père a reconnu qu'il y avait justice à augmenter le traitement de son comptable ; et ce matin, comme je me rendais au village pour visiter mes malades, il m'a chargé d'annoncer à M. David qu'à compter du premier du mois (vous connaissez l'exactitude de mon père), il recevrait une somme double de celle qu'il a reçue jusqu'à présent..... Il est agréable d'être porteur d'une bonne nouvelle. Je suis entré joyeusement chez M. David; et après avoir causé un instant avec la mère malade, et admiré ses deux aimables filles vaquant, avec la plus douce gaieté, aux soins de leur humble ménage, j'ai rempli la mission dont j'étais chargé. M. David m'a écouté avec un attendrissement visible; des larmes, qu'elles n'essayaient pas de retenir, roulaient sur les joues des deux demoiselles; et la pauvre malade, penchée sur son oreiller, faisait de vains efforts pour étouffer ses sanglots. — Mon père ne fait que ce qui est juste, que ce qu'il aurait fait depuis longtemps si, placé à la tête d'un commerce aussi étendu que le sien, il lui était possible de penser à tout. Vous l'excuserez donc, ajoutai-je, s'il n'a pas plus tôt récompensé, comme ils auraient dû l'être, vos utiles travaux. « Votre père est un homme encore plus généreux que juste, m'a répondu enfin M. David; dites-lui, je vous prie, toute notre reconnaissance, jusqu'au moment où nous irons la lui dire nous-mêmes; mais permettez nous, mon jeune ami, de nous recueillir devant le Seigneur, et de nous con-sulter pour savoir si nous devons profiter de sa bonté. » Je ne pus m'empêcher de témoigner une grande surprise qui augmenta encore lorsque, ren-trant quelques instants après, j'entendis M. David me déclarer qu'il ne pouvait accepter cette aug-mentation de traitement. « Quoi! lui dis-je, vous refuserez ce qui doit vous assurer le bien-être ainsi qu'à vos enfants; procurer à Madame David une position meilleure qui peut-être sera suivie du re-tour de sa santé, et permettre à ces demoiselles de suspendre ces travaux assidus, qui finiront peut-être par altérer la leur? Vous y penserez encore, mon bon ami; quant à moi, je n'accepte pas votre refus.— Mon cher Monsieur Charles, m'a répondu M. David, croyez que ce n'est pas sans y avoir sé-rieusement réfléchi que je viens ici déclarer nos intentions. Je voudrais pouvoir vous persuader que nous éprouvons une vive reconnaissance pour les amis qui ont pensé à nous, et qu'il faut que nous ayons des motifs bien forts pour nous exposer à voir interpréter, d'une manière défavorable, notre refus de recevoir leurs bienfaits. — Ne parlez pas de bienfait, me suis-je écrié, ne craignez pas de vous charger du poids d'une trop lourde recon-naissance; aux yeux de nous tous, je vous le proteste, ceci est de la plus exacte justice. C'est une dette que nous acquittons. —Vous vous méprenez sur nos sentiments, mon jeune ami, m'a-t-il dit alors ; Dieu sait qu'envers votre père et vous tous, la reconnaissance ne nous sera pas pesante..... Mais veuillez m'écouter un instant, vous saurez ce qui se passe dans nos âmes, comme le Seigneur lui-même le sait. Nous avons été riches, Monsieur Charles, et nous avons vécu au milieu du monde, bercés par toutes ses folies et par toutes ses joies. J'ai vu, avec orgueil, ma femme citée bien souvent comme sachant faire avec noblesse et élégance les honneurs de sa maison ; et mes filles, quoique bien jeunes encore, entourées de tous les hommages et de tous les enivrements. Mon fils, — et quelques larmes sont venues mouiller ses paupières, — faisait aussi ma gloire. Plus âgé de plusieurs années que ses sœurs, il marchait déjà à grands pas dans une carrière brillante... Nous avions tout ce qu'on peut désirer au monde; mais, hélas ! nous vivions loin de Dieu ; la prospérité aveuglait tellement nos cœurs, que nous n'avions pas le temps de penser à lui. Je ne vous raconterai pas nos désastres..... Il me suffira de vous dire que nous avons connu l'angoisse et la détresse. Mon pauvre fils mourut à la peine..... Un rude hiver passa sur nous, pendant lequel il travailla pour nous faire vivre. Il y parvint, mais ce fut en nous donnant sa propre vie..... Béni soit Dieu qui, voulant arracher cette jeune plante, l'arrosa la première des eaux de son amour!... Mon cher enfant repose dans les bras du Seigneur..... Un ancien ami, qui me recommanda à votre père, me fit avoir l'emploi que j'occupe. C'est ici, dans cette demeure, que Dieu nous attendait. Depuis trois ans que nous l'habitons, chaque instant nous révèle une de ses grâces; il habite avec nous, nous sommes heureux. Ma femme, mes enfants ne désirent rien; interrogez-les. La santé de ma femme, comme notre vie à tous, est dans les mains de Dieu; rien ne lui manque; vos soins et les nôtres ne lui sont-ils pas assurés? Mes filles travaillent; mais c'est avec joie. Travailler, n'est-ce pas dans l'ordre? Il est écrit: « Tu travailleras six jours et feras toute ton « œuvre. » Regardez-les. Sont-elles tristes, souffrantes, malades? Non, Dieu les bénit dans leurs corps comme dans leurs âmes..... Quand nous nous rappelons, mon jeune ami, notre vie d'autrefois, nos jours si pleins de pensées frivoles et de rongement d'esprit, notre oubli du Seigneur, notre ignorance des véritables biens, notre peu d'affection mutuelle, car nous ne savons vraiment nous aimer que depuis que nous aimons Dieu, oh! comme nous le bénissons de tout ce qu'il a fait pour nous! Maintenant, je vous le dirai: Mon ami, la bonté de votre père nous a touchés, nous avons saisi en nous un mouvement de joie à la pensée de la richesse qu'il nous fait offrir; mais nous nous sentons faibles et nous nous *méfions*..... Un changement de position serait nécessairement la suite de cette fortune nouvelle; le trouble même que nous ont causé vos paroles n'est-il pas un avertissement? Qui nous dit que nos sentiments ne se modifieront pas avec notre fortune? Qui nous dit que cette famille, aujourd'hui humble et pieuse, ne se laissera pas reprendre à l'amour du monde qui la tenait autrefois? Serait-il prudent de notre part de nous exposer à un péril où nous succomberions peut-être?..... Nous avons consulté nos cœurs..... nos cœurs nous disent de ne pas tenter Dieu! »

— J'ai écouté cet homme, mon oncle; j'ai lu sur son visage, et sur celui des autres personnes de sa famille, une résolution d'autant plus ferme qu'elle était évidemment combattue par quelque désir, mais inspirée par le sentiment d'un grand danger. Je n'ai pas essayé de le combattre; d'ailleurs, son histoire m'avait touché. M. David, vous l'avez remarqué, a l'air infiniment respectable; sa femme est la douceur et la résignation même; ses filles, vous savez... — Bolbec sourit, — ont des figures d'ange... D'un autre côté, je ne pouvais pas me rendre à ses arguments; c'était évidemment de l'enthousiasme; je voulais les sauver malgré eux. J'ai pris un biais..... J'ai tendu la main à ce brave homme. « Je respecte vos sentiments, lui ai-je répondu, sans pouvoir les approuver, peut-être sans les comprendre; mais je dois vous parler avec une entière franchise. Je crains que votre manière d'agir en cette circonstance n'indispose mon père contre vous. Il a voulu réparer à votre égard une injustice. Vous y opposer, ce sera lui jeter un blâme; il verra dans votre refus le refus d'un service; il trouvera votre conduite à son égard désobligeante, orgueilleuse peut-être..... » M. David réfléchissait. « Ecoutez, m'a-t-il dit, que cette somme, qui deviendrait pour nous peut-être aussi une occasion de chute, puisque M. de Bolbec veut en faire le sacrifice, soit employée..... Malgré toutes les précautions charitables qui ont été prises, il y a encore de la misère parmi les ouvriers. Cela ne fâcherait pas votre père, Monsieur Charles, si je lui indiquais quelques familles qui sont véritablement, elles, dans le besoin....., Et si vous lui disiez, vous : On s'était trompé, les David ont tout ce qu'il leur faut; mais voici quelques noms..... » Sans s'en douter, il venait de m'ouvrir une voie. « Mon cher Monsieur David, lui dis-je, mon père comprendra difficilement tout cela; d'ailleurs, je sais d'avance sa réponse. Il dira que l'un n'empêche pas l'autre; que si des ouvriers souffrent il faut les secourir; mais que puisque votre traitement n'est pas assez fort, il faut l'augmenter. Et puis, remarquez-le, ces ouvriers, qui sont dans le besoin, y sont par suite de paresse et d'inconduite, sans quoi ils auraient été secourus. Il leur faut plus qu'une charité officielle, il leur faut, avec des secours, des conseils, cette compassion qui plaint d'autant plus le malheureux qu'il est plus coupable. Vous avez découvert ces misères qui se sont dérobées à tous les autres, même à M. Maluit. Eh bien, ne voyez-vous pas là un devoir qui vous est imposé; un travail nouveau auquel devront se soumettre vos filles?

Ne divulguez pas les secrets et les hontes de ces pauvres familles; mais acceptez les moyens de leur venir en aide. Croyez-vous qu'une augmentation de fortune, employée à secourir vos frères, vous détournera de votre Dieu? » J'avais vaincu..... Je les voyais tous ébranlés; et, après quelque hésitation, l'affaire fut conclue. Ne trouvez-vous pas cela singulier, mon oncle, et n'y a-t-il pas une étrange exagération de principes dans le sentiment qui conduisait ces braves gens, qu'il a fallu, pour ainsi dire, tromper afin de leur faire accepter le bien-être?.....

Bolbec était devenu rêveur. Il y avait pour lui aussi, dans la conduite de la famille de M. David, quelque chose qui allait au delà de ses pensées.

Il faut que la religion d'un chrétien le rende bien heureux, pensait-il, pour qu'il refuse même le bien-être, parce qu'il craint que ce bien-être ne le détourne un moment de la pensée de son Dieu. D'un autre côté, il voyait autour de lui des hommes évidemment chrétiens, autant que M. David, jouir sans le moindre trouble de conscience de tous ces biens dont M. David ne voulait pas accepter une faible partie, de crainte d'y trouver un piége.

Il avait entendu Edouard, Maluit, dans leurs prières, remercier Dieu de toutes les bénédictions terrestres qu'il répandait sur eux;... lui-même, rassasié de toutes les jouissances que procurent les richesses, et dégoûté des dissipations du monde, ne voyait pas dans toutes ces choses si redoutées un grand piége et un grand danger. Le gain d'un monceau d'or ou le bruit d'une fête, n'auraient pas eu la puissance de l'arracher à quelqu'une de ses méditations chéries.

Comment, se disait-il, pourraient-ils séduire le cœur d'un chrétien? Il ne pensait pas que, pour les âmes d'une autre trempe que la sienne, l'attrait qu'il trouvait, lui, dans les méditations scientifiques, était placé ailleurs ; pour l'un, dans l'or ; pour l'autre, dans les fêtes ou dans les affections charnelles, ou dans les vanités ou les pompes du monde.....

Il fit part de ses réflexions à Charles, et le jeune homme, plus sensible aux attraits de toutes ces choses que son oncle regardait presque avec mépris, comprit aussitôt la cause de l'erreur dans laquelle celui-ci tombait.

— Si vous étiez chrétien, mon oncle, lui dit-il, ne seriez-vous pas exposé à oublier votre salut, en poursuivant la solution de quelque problème scientifique ? Eh bien, M. David craint que le monde, qu'il a aimé comme vous aimez la science, ne reprenne peu à peu l'empire qu'il exerçait autrefois sur son cœur.

Cette observation, exprimée tout simplement et presque avec un ton de légèreté, car Charles, malgré la gravité de son état, ne s'arrêtait pas longtemps aux idées sérieuses, frappa profondément M. de Bolbec.

Ce fut une vive lumière qui éclaira un coin de son intelligence, resté jusqu'alors dans l'obscurité. Après un moment de réflexion, il s'arrêta devant Charles, et lui dit :

— Si la religion chrétienne est vraie, elle doit dominer entièrement notre âme ; et tout ce qui, selon nos habitudes, nos penchants, notre caractère, nos faiblesses naturelles, lui fait obstacle, tend à rivaliser avec elle, à amoindrir son empire sur nous : richesses, honneurs, relations du monde, affections du cœur, pensées de l'esprit, les arts, les sciences, — et sa voix s'altéra en prononçant ce dernier mot, — les choses mauvaises et les choses bonnes..... tout doit être regardé par nous comme des difficultés qu'il faut combattre, ou comme un danger qu'il faut fuir.

Après avoir parlé ainsi, M. de Bolbec baissa la tête et demeura plongé dans ses pensées.

XII

Un domestique s'approcha avec précaution de Charles, qui continuait sa promenade sous le portique où s'exhalaient les plus doux parfums du matin.

Il lui dit quelques mots à l'oreille. Le jeune homme fit un mouvement, regarda anxieusement son oncle, et entra aussitôt dans la maison.

Le vieux Jacob, estimé et chéri par tous les membres de la famille de Bolbec, traité en ancien ami plutôt qu'en serviteur, avait pris une part active, autant que son âge pouvait le lui permettre, à tout ce qui s'était passé à Bolbecville, depuis que nous en visitons les habitants.

Ces simples scènes de famille que nous avons essayé d'esquisser, s'étaient toutes passées sous ses yeux.

Edouard s'entretenait avec lui de ses convictions religieuses. Madame de Bolbec lui disait librement ses anxiétés et ses espoirs de mère. Il était, auprès des jeunes filles, le messager de leurs charités secrètes, le confident de leurs petits chagrins ou de leur joie. Chacun s'appuyait sur lui, recourait à lui, se confiait en lui; et quand le cercle de la grande maison se composait des seuls membres de la famille, ou plutôt des deux familles, car M. et Madame Maluit quittaient rarement leurs amis pendant leur séjour à Bolbecville, dans ces moments de conversations intimes où chacun se montrait avec une grande franchise et où régnait pleinement cette liberté, ce sans-gêne de la vie de famille qui repose le cœur et l'esprit de la dissimulation et de la *comédie* continuelle du monde, seul de tous les gens de service, Jacob avait le privilége de rester avec nos amis, d'entendre tous leurs propos joyeux et graves, et même quelquefois, avec une mesure que Louise lui reprochait comme trop sévère, d'y mettre un sourire et un mot.

Pour les deux MM. de Bolbec, Jacob était un souvenir précieux que leur avait laissé leur père. Attaché particulièrement à M. Pierre, qu'il avait accompagné dans ses nombreux voyages, il était devenu tellement nécessaire à son maître, que celui-ci avait coutume de dire, en voyant le visage couvert de rides, le front chauve et les cheveux blancs du vieux serviteur :

— Quand tu ne pourras plus voyager, Jacob, je deviendrai sédentaire; et si tu me quittes, mon vieil ami, ajoutait-il avec émotion, je ne saurai plus ni manger, ni boire, ni marcher, ni dormir.

— Monsieur, répondait alors gravement Jacob, celui qui a mis dans votre cœur toute cette bonne affection pour votre vieux domestique, vous tiendra lieu de toutes choses quand il vous aura appris, ce que je lui demande tous les jours dans mes prières, à le connaître et à l'aimer.

Jacob était heureux à Bolbecville, plus que partout ailleurs. La présence d'Edouard, le voisinage de la famille Maluit, les habitudes chrétiennes des habitants du village, qu'il avait vus jadis si différents, étaient pour lui des sujets continuels de joie et d'actions de grâce.

L'air sérieux de M. Pierre de Bolbec, l'attention qu'il prêtait aux choses religieuses, les conversations qu'il avait avec M. Maluit, le changement qui s'était opéré dans Sara, les impressions que semblaient avoir éprouvées tous les membres de la famille, rendaient cette fois Jacob plus heureux qu'à l'ordinaire ; et quelqu'un qui eût pu lire dans son cœur, eût appris ce que c'est que la joie, l'assurance et la paix du chrétien fidèle.

Après la scène de la forêt, pendant laquelle nul cœur ne s'était réjoui et n'avait prié comme le sien, Jacob avait demandé la permission d'embrasser Louise, qui lui avait présenté aussitôt et joyeusement sa jolie joue, et il s'était retiré dans sa chambre, « ses vieilles jambes, dit-il à son maître, demandant le repos. »

Le lendemain, pendant l'entretien de Bolbec et de Charles, Edmond, qui avait dans l'esprit quelque projet d'amusement ou quelque surprise agréable qu'il ménageait à Louise, s'était dirigé, secrètement, vers la chambre de Jacob, où il avait en tout temps ses libres entrées.

Quelques instants s'étaient à peine écoulés

qu'un cri d'effroi, parti de cette chambre, fit tressaillir Madame de Bolbec qui descendait l'escalier.

Elle se hâtait d'accourir, lorsque Edmond, pâle et égaré, vint se jeter entre ses bras..... Il avait trouvé le vieux Jacob étendu sur son lit, sans connaissance.

Quelques heures après, toute la famille était réunie autour du lit de Jacob.

Hélène soutenait sa tête vénérable, sur laquelle la mort avait déjà mis sa fatale empreinte.

Sara lui frottait les tempes avec un cordial.

Charles tenait son bras, dont il consultait attentivement l'artère.

Madame de Bolbec, renversée sur un fauteuil, paraissait écouter quelques paroles qu'Edouard lui adressait d'une voix émue.

Edmond et Louise pleuraient silencieusement...

M. de Bolbec était assis la tête baissée.

Pierre, debout au pied du lit de son ami, les regards fixés sur ce spectacle de mort, laissait couler, le long de ses joues pâlies, deux grosses larmes qu'il ne songeait ni à retenir ni à cacher.

Les domestiques remplissaient le fond de la chambre.

On attendait M. Maluit.....

Quand il entra, son front, peut-être plus pâle qu'à l'ordinaire, n'avait rien perdu de son calme et de sa sérénité.

Il prit, auprès du malade, la place de Charles, et après avoir regardé pendant quelques instants,

en silence, les traits défaillants mais tranquilles
du vieillard :

— Mon frère, lui dit-il de sa plus douce voix,
le messager du Seigneur approche.

— Qu'il soit le bien venu, répondit Jacob, dont
l'œil s'alluma et exprima une vive allégresse.
Je vois le ciel « ouvert et le Fils de l'homme assis
à la droite de Dieu..... Viens, oh ! Seigneur Jésus,
viens bientôt..... »

— Le messager du Seigneur approche, reprit
M. Maluit, il apporte avec lui la délivrance ; la
mort a-t-elle de l'amertume, mon cher frère?

Le vieillard se souleva, il promena lentement
ses regards, pleins d'affection, sur toutes les personnes qui l'entouraient. Quand il rencontra la
figure altérée de Pierre, une larme brilla sous sa
paupière débile..... Il avança sa main sur laquelle
celui-ci se pencha en sanglotant.

— Que Dieu se révèle ! dit le mourant.

Et se tournant vers M. Maluit :

— Comment aurait-elle de l'amertume? lui répondit-il. Son aiguillon n'est-il pas brisé? Oui,
grâces à Dieu qui nous a donné la victoire en
Jésus-Christ notre Seigneur.

La voix du vieillard était forte et vibrante tandis qu'il prononçait cette parole de bénédiction.
Sa figure exprimait une joyeuse assurance.....
Charles a dit depuis qu'il n'aurait jamais cru qu'il
pût y avoir autant de forces dans une organisation
qui tombait en dissolution.

M. de Bolbec avait relevé la tête. Ses yeux,

qu'il fixait sur Jacob, avaient quelque chose d'égaré. Le pauvre homme riche ne pouvait pas comprendre qu'on quittât les choses de la vie avec tant de tranquillité et tant de joie.

— Jacob ne regrette pas ses amis, dit à demi voix Madame de Bolbec, la sensibilité s'émousse chez les vieillards.

Le doute et la curiosité se mêlaient à la douleur sur les traits de Pierre.

Hélène qui, pendant qu'elle soutenait Jacob, ne voyait pas son visage, semblait maintenant effrayée à l'aspect de la mort.

Edouard priait, plein de reconnaissance.

Sara ne pleurait plus. Sa charmante figure exprimait la résignation et la confiance chrétienne.

Un doux sourire vint s'épanouir sur celle de Maluit.

— Le sacrifice est pour nous, mes amis, qui pleurerons longtemps sur le départ d'un être qui nous est cher à tous. Pour lui, il est prêt à nous dire ce que disait notre Seigneur à ses disciples : « Si vous m'aimiez, vous ne vous affligeriez pas de ce que je vais vers mon Père et vers votre Père... »

Le mourant confirma par un signe la parole du pasteur. Il promena encore autour de lui des regards où se peignait une sensibilité affectueuse; puis ses yeux s'arrêtèrent sur le ciel.

On avait ouvert les fenêtres de cette chambre de mort.

La terre lui envoyait ses parfums; les oiseaux de l'air leurs chants joyeux; et la resplendissante lumière d'un ciel du Midi l'inondait de toutes ses clartés.

Les yeux du vieillard ne se baissèrent pas devant cette splendeur éblouissante. Il semblait voir dans l'espace un objet éloigné vers lequel tendaient ses désirs.....

Sa tête s'était soulevée, sa bouche entr'ouverte..... Une expression indéfinissable de joie et d'attendrissement, d'aspiration et de faiblesse, se laissait voir sur sa face décolorée.....

— Prions, dit-il, d'une voix si faible que Maluit l'entendit seul.

Sur un signe que fit celui-ci, toutes les personnes qui étaient dans la chambre s'agenouillèrent, et la voix du pasteur se fit entendre parlant à Dieu ce langage de la prière que savent seules les âmes chrétiennes, mais à l'ouïe duquel les mondains eux-mêmes s'inclinent, surtout en présence de la mort.

Tant que Maluit parla, Jacob parut écouter attentivement, ses paroles; et l'on pouvait suivre, dans son regard, les douces émotions qui agitaient son âme.

Quand Maluit cessa de parler, il se fit un silence profond de quelques secondes pendant lequel on n'entendait que le bruit pénible de la respiration du mourant; mais le mourant lui-même l'interrompit en prononçant d'une voix calme et assurée cette parole qui fut parfaitement entendue par l'oreille de tous ceux qui étaient réunis dans cette chambre :

— Amen! oui, amen!

Et il expira.....

Un sourire était resté sur ses lèvres. La fixité de ce sourire instruisit Maluit.

— Notre ami est parti, dit-il; voilà la mort du fidèle. Vous le voyez, les choses de ce monde passent; mais la grâce de Dieu demeure à toujours!...

XIII

Une abondante rosée couvrait, de ses goutte-
lettes brillantes, les feuilles vertes des arbres et
la corolle embaumée des fleurs. Le soleil qui devait
bientôt la dissiper dans les airs en vapeurs lé-
gères, ne s'était pas élevé encore au-dessus de la
barrière épaisse qu'opposait à ses rayons les
chênes de la forêt. On respirait une fraîcheur délicieuse dans les jardins de la grande maison;
aussi, quoique l'heure fût encore bien matinale,
une des fenêtres de l'appartement des demoiselles
de Bolbec s'était ouverte, et la jolie tête de Sara
s'était montrée entre les rideaux de mousseline.

— Je suis sûre qu'il est là! dit-elle à Hélène;
lève-toi vite, et descendons. D'ailleurs, quand
nous serions un instant seules dans le jardin, je
ne vois pas trop quel danger nous pourrions
courir.

Au même instant, Edouard franchit les degrés
du portique et se montra aux yeux de sa sœur.

Hélène acheva rapidement de s'habiller, et les
deux jeunes filles, suspendues aux bras de leur
frère, s'éloignèrent de la maison.

—Que j'aime cet air frais et pur du matin, dit Sara, sous ces beaux ombrages, dans ce calme parfait de la nature encore endormie ; on a comme le sentiment, comme l'image de ce repos, de cette paix que le cœur rêve. Oh ! je voudrais que ma vie tout entière pût s'écouler comme passent ces douces heures !

Edouard sourit à l'enthousiasme de la jeune fille. Il regardait Hélène.

Celle-ci était pensive, et une pâleur qui ne lui était pas habituelle était répandue sur ses traits.

— Hélène a ressenti dans ces derniers temps des émotions qui lui étaient inconnues, dit-il, et elle en est encore toute troublée. Je la crois dans ce moment très incapable de se laisser prendre aux enchantements de cette belle nature au milieu de laquelle nous vivons ici.

— J'ai vu de trop près, dit Hélène d'un ton presque plaintif, une chose que je ne m'étais jamais représentée, quoique je connusse parfaitement son existence, et que le nom par lequel on la désigne se retrouve fréquemment dans les conversations et dans les livres..... Je vous le dis, mes chers amis, presque avec honte, mais j'ai peur, j'ai peur de la mort ! J'en ai peur pour vous tous et pour moi-même. Depuis le jour où j'ai vu mourir ce pauvre Jacob, je me surprends à chaque instant, recomposant dans mon imagination cette scène lugubre, et mettant à la place de notre vieux domestique quelque être chéri, Sara ou ma mère... — et sa voix tremblait, — mon père ou Edouard..,

Cette nuit même, c'était Louise..... Louise que je voyais mourir !... Elle était livide, la bouche entr'ouverte, les yeux sans regards..... J'ai dû me lever, courir à son lit, la serrer dans mes bras, fraîche et belle comme elle était tout endormie, pour être un peu rassurée..... Mais alors, une terreur d'un autre genre, quoique se rapportant toujours à la même cause, est venue m'assaillir..... En me retournant, il m'a semblé qu'en traversant la chambre, j'allais rencontrer le vieux Jacob. Quelques vêtements jetés sur des chaises, ont figuré à ma vue un cercueil..... La lueur tremblante de la lampe de nuit tombait sur le visage de Sara..... il m'a paru pâle comme un mort !... Oh ! mes amis, si Dieu n'a pas pitié de moi, je deviendrai folle !

Edouard et Sara s'affligeaient vivement de l'état de leur sœur.

Depuis plusieurs jours, s'étant aperçus de sa tristesse, ils l'avaient invitée à se joindre à eux dans leur promenade matinale ; et quand elle leur eut fait connaître les secrets de son agitation, ils essayèrent de lui faire accepter le seul remède assez puissant pour guérir les maux de notre âme, de quelque nature qu'ils soient.

Aux premières paroles qu'Edouard lui adressa, Hélène parut très attentive. Elle, ordinairement si vive et si légère, et qui avait toujours répondu de manière à laisser peu d'espérance aux tentatives de ses amis, avait-elle compris enfin le lien qui existait entre le mal de son esprit et de son cœur, et notre religion sainte ? avait-elle senti que celle-ci seulement pouvait la soulager de l'autre ?

Edouard et Sara en avaient conçu l'espérance, et ils priaient Dieu avec ferveur de répandre son esprit sur cette jeune âme, afin qu'elle connût sa paix.

Du reste, un changement général s'était opéré dans les dispositions de tous les membres de la famille de Bolbec.

Depuis la mort de Jacob, les conversations religieuses étaient devenues plus fréquentes. Ceux même qui jusque-là avaient paru les subir par politesse, les recherchaient et les provoquaient maintenant.

Dieu voulait-il se servir de la mort d'un de ses enfants pour amener ces âmes à la connaissance de la vérité ?...

M. de Bolbec avait chargé Edouard de passer ce jour-là au presbytère, pour prier M. Maluit de lui accorder quelques heures dans la journée, et Edouard engagea ses sœurs à y venir avec lui, assez de bonne heure pour participer à la prière du matin de la famille du pasteur.

Hélène, qui trouvait, disait-elle, un grand soulagement à entendre prier M. Maluit, avait accepté avec empressement la proposition de son frère.

— Oui, disait-elle à Sara, pendant qu'Edouard s'occupait à ouvrir la grille du belvédère, tout le temps que M. Maluit prie, mes pensées suivent les siennes et s'approchent de Dieu..... Je me sens alors gardée et défendue..... Mais quand je viens à penser ensuite que rien ne peut nous dispenser de la mort, et que peut-être ce radieux soleil qui dore maintenant les plus hautes feuilles de ces arbres, n'aura pas disparu à l'horizon avant que les yeux de quelqu'un de nous se soient fermés à sa lumière, je retombe dans toutes mes tristesses.

Sara la pressa sur son cœur avec une vive affection, et, pendant qu'elle soutenait sur son épaule la tête penchée de sa sœur :

— Ne sais-tu pas que si ton pauvre cœur est malade, dit-elle, il peut être guéri par la main de Dieu? Pourquoi donc t'abandonnes-tu à ces folles terreurs? La mort n'est pas noire, Hélène, car Dieu est là aussi. Ce soleil est brillant, — et elle lui montrait le bel astre dont les rayons jouaient au travers du feuillage, — mais notre autre soleil est plus brillant encore..... Nos affections d'ici-bas sont bien douces, — et elle appuyait ses lèvres sur le front de la jeune fille, — mais les affections d'en haut sont bien plus douces et bien plus pures..... Quand nous croirons à l'autre vie, continua-t-elle, presque du ton d'une mère qui gronde affectueusement son enfant, nous cesserons d'avoir peur de la mort, et nous saurons jouir des biens que la bonté de Dieu a placés pour nous tous de ce côté-ci du sépulcre : la foi, l'espérance et l'amour!

— Mais je crois à l'immortalité, dit Hélène vivement.

Puis elle rougit et baissa la tête.

— Et pourquoi rougis-tu, Hélène?

Hélène se tut,

— ..... Je vais te le dire. Quand nous devons partir pour Paris, ou quand nous devons revenir à Bolbecville, tu t'occupes continuellement de ces lieux où tu dois être bientôt; tu y penses sans fin; tu fais des plans, des projets, des arrangements; tu comptes les jours et les heures..... C'est que tu crois à Paris et à Bolbecville. En est-il ainsi, chère Hélène, de l'autre vie, du ciel? Tu crois, c'est-à-dire, tu ne nies pas qu'il y ait un ciel et une autre vie..... mais tu n'y penses pas. Tu ne fais aucun plan, aucun projet, aucun arrangement pour t'y trouver heureuse; et alors, tu vois bien le voyage qui t'épouvante, mais tu ne conçois pas les joies de l'arrivée.

— Mais, Sara, je connais Paris et Bolbecville, et je ne connais pas le ciel, répondit Hélène.

— Non, tu ne connais pas le ciel; mais tu peux connaître de plus en plus celui qui le donne..... Quand tu partis, il y a quelques années, pour les eaux de Vichy, tu ne connaissais pas Vichy; et cependant tu t'en fus bien tranquille et bien joyeuse, parce que tu étais avec ton père, et que tu savais sa sagesse et son amour pour toi; tu étais sûre que rien ne te manquerait, qu'il te rendrait ce séjour agréable..... Eh bien, ne connais-tu pas Dieu? ne sais-tu pas aussi sa sagesse et son amour pour toi? ne sais-tu pas qu'il est notre bon Père, notre Sauveur, que le ciel est son trône, qu'il veut nous y bénir, nous y rendre heureuses, qu'il a donné pour nous sauver son Fils unique? Ne sais-tu pas tout çela, Hélène?... Oh! celui qui connaît Dieu, ajouta-t-elle avec ardeur, celui qui connaît Dieu n'a pas peur de la mort. Il sent que Dieu est là. « Soit que je vive, soit que je meure, je suis au Seigneur! »

— Tu es heureuse, Sara, dit Hélène, avec un regard plein d'admiration et de surprise; tu es bien heureuse!... Oh! reprit-elle après un moment de silence, ne pourrais-je pas le devenir comme toi?...

Edouard avait rejoint ses sœurs. Ils marchèrent quelque temps en silence.

Hélène réfléchissait peut-être pour la première fois à cette haute et heureuse influence que la religion, quand elle est au cœur, exerce sur toute la vie.

Sara et Edouard se réjouissaient de cette disposition nouvelle dans laquelle ils trouvaient leur sœur bien-aimée.

— Chère Hélène, dit Edouard, en prenant les mains de ses deux compagnes pour leur faire traverser le petit pont qui les conduisit dans le jardin de M. Maluit, nous allons prier ensemble; puisse ta prière et la nôtre être douce et efficace pour toi!

Leurs amis les accueillirent avec une vive satisfaction; et après le culte de famille, pendant lequel l'émotion d'Hélène fut visible, ils reprirent tous ensemble la route de Bolbecville.

— Ce court trajet est une délicieuse promenade par cette belle matinée, disait Madame Maluit aux deux sœurs, en jetant avec une sorte de ravissement ses regards auteur d'elle.

M. Maluit et Edouard, quelques pas en arrière,

s'entretenaient à voix basse, et bénissaient le Seigneur des choses merveilleuses qu'il opérait au milieu d'eux.

— Délicieuse surtout, répondit doucement Hélène, quand on la fait avec ceux que l'on aime, et que l'on se confie en la bonté de Dieu..... Mais n'est-ce pas un danger que de trouver trop agréables même ces choses si simples et si naturelles ? N'est-ce pas pour les avoir ainsi aimées que, jusqu'à présent, j'ai vécu..... hélas ! dans l'ignorance de la bonté de Dieu ?

— Ces choses, dit M. Maluit en s'approchant, ces choses ne sont dangereuses, et j'en puis dire autant de tous les biens de cette terre, que pour ceux dont elles absorbent le cœur. Pour ceux qui en jouissent avec un cœur reconnaissant, elles sont, elles ne peuvent être que des bénédictions de Dieu. Quand on donne à une jeune fille une jolie montre en or pour marquer l'emploi de ses heures, on lui fait un cadeau utile. Mais si, dans son admiration et dans sa joie, elle ne pense plus qu'à *posséder* sa montre, et qu'elle oublie de s'en servir, direz-vous pour cela que cette montre est dangereuse ? Ce qui est dangereux, ma chère Hélène, c'est un amour frivole et un cœur mondain.

M. Maluit fut interrompu par un cri qui se fit entendre au-dessus des arbres.

Ils étaient alors au pied du rocher de Louise ; et aussitôt Louise elle-même, s'élançant de son observatoire avec l'agilité d'une jeune biche, vint se jeter entre les bras de ses amis.

— Méchantes! dit-elle à ses sœurs, pourquoi ne m'avez-vous pas réveillée?...

— Tu dormais si bien! dit Hélène.

— Tu dormais comme une enfant, reprit Sara en riant; et nous, comme de bonnes mères, nous avons respecté ton sommeil..... Le fait est, chère petite, que nous voulions nous entretenir de choses sérieuses, et que.....

Louise se redressa de toute la hauteur de sa taille; ses sourcils se rapprochèrent, comme il arrive dans un moment de profonde réflexion, et elle arrêta sur Sara un regard tellement pensif et grave, qu'elle crut s'être assez vengée par cette réponse muette. D'ailleurs, la vue de MM. et de Madame de Bolbec, qui attendaient leurs enfants à la grille du belvédère, fit changer tout à coup le cours de ses idées.

Elle courut, légère et gracieuse, embrasser son père et sa mère.

— Voici tous nos amis, dit-elle; et voilà Sigismond qui nous fait signe que le déjeuner est servi.

XIV

— Mon cher Maluit, dit M. de Bolbec, en déca-
chetant et en parcourant une lettre qu'un domestique venait de lui apporter, ne pourriez-vous
pas nous donner des nouvelles de Madame David?
(Depuis que M. de Bolbec avait fait quelque chose
pour les David, il s'était pris pour eux d'une vive
affection.) On est venu, ce matin, chercher Charles
en toute hâte, et vous voyez, à sa place vide, qu'il
n'est pas encore revenu. Je crains que cette chère
dame ne soit plus malade. Quel malheur ce serait
pour ces pauvres jeunes filles !

— Je puis complétement vous rassurer, répondit M. Maluit. C'est moi-même qui ai fait prier
votre fils de s'y rendre ce matin. Je voulais faire
constater par la science une amélioration qui m'a-
vait paru merveilleuse..... Mais j'entends dans la
cour le tilbury de Charles ; il va répondre mieux
que moi à votre question.

— C'est une famille que j'admire, dit Madame
de Bolbec. Je ne parle pas du changement de position qu'elle a dû subir ; je conçois qu'on supporte
avec résignation la perte de sa fortune, — M. de

Bolbec fit un signe d'incrédulité ; — mais la mort du jeune David, d'un fils chéri, d'un frère bien-aimé, quelle épouvantable chose ! Comme ils ont courbé la tête sous la main qui les frappait ! comme ils ont béni Dieu au milieu de leurs larmes, et comme ils sont à présent *consolés !* non pas oublieux, non pas distraits, j'ai pleine connaissance du contraire, mais *consolés*, heureux, disent-ils, de le savoir avec Dieu. « Son absence est un sacrifice, me disait sa pauvre mère, que nous faisons volontiers à son bonheur. Si nous en avions la puissance, nous ne le ferions pas revenir en ce monde. » C'est une chose vraiment inconcevable ! c'est un fait inouï. Dieu n'exige certainement pas cela de nous.

— La foi et les effets qu'elle produit sur le cœur, sont toujours des choses inconcevables quand on les considère du regard *humain*, au travers de la chair et du sang, répondit M. Maluit, et permettez-moi de vous dire, chère Madame, qu'il est à craindre que votre tendresse si vive, pour votre mari et pour vos enfants, pour tous les vôtres, ne soit chez vous l'obstacle qui s'oppose, quelquefois, je le dirai, au christianisme, à votre entière conversion au Sauveur.

— Mais, Monsieur, dit avec quelque vivacité Madame de Bolbec, il n'est pas possible que l'amour d'une femme pour son mari, d'une mère pour ses enfants, soit en opposition avec une religion qui nous recommande, avant tout, de nous aimer les uns les autres.

On a pu remarquer que toutes les fois qu'il s'agissait d'appliquer un passage du livre de Dieu d'une manière incisive, Louise n'était jamais en défaut. Elle n'y fut pas dans cette occasion.

— « Si quelqu'un, s'écria-t-elle, aime son père, ou sa mère, ou son fils, ou sa fille, plus que moi, il n'est pas digne de moi ! »

— En effet, tous les amours de la terre,—reprit M. Maluit, même les plus saints et les plus sacrés, ont quelque chose d'exclusif qui en fait un danger pour l'âme. L'amour de Dieu seul remplit le cœur sans le fermer. Si vous aimez ici-bas un objet quelconque, même celui qu'il vous est le plus permis d'aimer, *de tout votre cœur*, quelle place vous reste-t-il pour le ciel et pour Dieu ? Tandis que vous pouvez aimer Dieu de *tout votre cœur*, « de toute votre âme, de toute votre pensée, » cela ne vous empêchera pas, cela vous conduira, au contraire, à « aimer votre prochain comme vous-même. » Ce n'est pas pour rien que la sagesse divine, en faisant ces deux commandements *semblables*, a mis l'un le premier et l'autre le second......

Pendant que Maluit parlait, Charles était entré.

Il avait pris sa place à table, d'un air tellement préoccupé, qu'il s'écoula quelques minutes avant que son père surpris, se décidât à lui adresser la parole.

— Eh bien, Charles, lui dit-il enfin, quoique nous soyons à peu près rassurés sur la santé de Madame David, nous serions bien aises d'avoir de vous quelques détails sur la crise heureuse qu'elle a, dit-on, éprouvée.....

Charles regarda son père comme s'il n'avait pas bien compris la question qui lui était adressée ; et comme M. de Bolbec, de plus en plus étonné, car Charles était ordinairement d'une gaieté et d'une vivacité remarquables, allait répéter sa question, il s'écria :

— Il faut nous faire tous chrétiens, mon père ; car en vérité il n'y a de force, de sagesse et de bonheur que chez les chrétiens.

— Mais, mon fils, nous sommes chrétiens, grâces à Dieu.

— Non, mon père. Ne me regardez pas ainsi, chère mère, continua-t-il en se tournant vers elle, j'ai toute ma raison, tout mon sang-froid..... — Il parlait cependant avec une agitation visible.....—Non, mon père, nous ne le sommes pas comme il faut l'être... Demandez à M. Maluit, à Edouard, à Sara ; voyez M. David et sa famille, et même celle de ce pauvre misérable ouvrier Mauriac..... Rappelez-vous, dit-il avec une émotion croissante, la mort si calme et si heureuse de notre bon vieux Jacob. Ce sont là *des faits*, mais des faits visibles. Il faut les expliquer ou bien il faut se rendre..... Quant à moi, il m'est impossible de continuer plus longtemps cette lutte..... Oh ! si vous aviez vu ce que j'ai vu !...

— Mais qu'as-tu donc vu, cher enfant? dit la bonne mère, alarmée de l'état dans lequel elle-même voyait son fils ; qu'as-tu vu qui ait pu te donner d'aussi étranges idées?

— Vous le saviez, M. Maluit, reprit Charles en

regardant fixement le pasteur, vous m'aviez envoyé là pour que je reçusse une leçon. Eh bien,
réjouissez-vous, l'événement a dépassé vos espérances !... Je suis convaincu, ou, pour mieux dire,
je suis *vaincu* par le christianisme. Jésus-Christ !
moi, qui doutais de Dieu, je crois en Jésus-Christ !
C'est une singulière chose ; c'est Jésus-Christ qui
m'apprend à connaître Dieu !

— « Nul ne vient au Père que par moi, » dit
Edouard d'une voix calme qui contrastait étrange-
ment avec la voix agitée de son frère.

— Eh bien, alors, continua celui-ci, j'ai suivi
la bonne route !...

— Dis-nous donc ce que tu as vu, Charles, dit
M. de Bolbec, d'un ton presque inquiet.

— J'ai vu, mon père, le christianisme produire
des effets si merveilleux et si semblables dans des
circonstances si opposées, que j'ai dû courber la
tête devant une puissance mystérieuse, mais bien
réelle, qui (je crois que c'est une phrase de la
Bible), « tient les cœurs en sa main et en dispose
selon sa volonté. » Je suis entré chez M. David. Sa
femme était dans son lit, pâle et faible, mais portant déjà sur son visage des symptômes qu'il
avait dès longtemps perdu : ceux de la santé. Il
ne m'a fallu qu'un court examen pour me con-
vaincre que quelque chose d'extrêmement heureux et que j'osais à peine espérer avait eu lieu,
j'en ai ressenti une vive joie.

— Votre mère est guérie, ai-je dit tout ému aux
deux jeunes filles.

— Hors de danger? a demandé M. David d'une voix tremblante.

— Hors de danger, guérie, vous dis-je, elle se porte comme vous et moi !

Madame David a regardé le ciel, puis ses filles, avec des yeux si pleins d'un indicible amour, que j'en ai été vivement frappé. Les jeunes filles s'étaient agenouillées au pied du lit, serrées l'une contre l'autre, les yeux levés, la poitrine agitée ; elles étaient au ciel et elles souriaient à Dieu !...

M. David a dit :

— Seigneur, sois béni ! Oh ! oui, a-t-il ajouté d'un ton très ému, oh ! oui, sois béni, et que ta volonté soit faite !

Après quelques instants, pendant lesquels tous les cœurs priaient, sans doute, autour de moi..... je suis sorti.

Depuis quelques jours, j'éprouvais sur l'état de Mauriac de vives inquiétudes. Les chairs ont été tellement déchirées, et la gangrène a si souvent, depuis l'accident, reproduit ses noires escares, que la guérison me paraissait presque impossible.

Aujourd'hui, toutes mes craintes se sont malheureusement confirmées..... l'état de ce pauvre homme est tel, qu'une prompte amputation des deux jambes nous laisse seule quelques chances, fort douteuses, de conserver sa vie. J'ai fait avertir pour ce soir deux de mes confrères, et j'ai cru devoir préparer mon malade à cette opération terrible, mais qui est impérieusement indiquée. J'hésitais..... mais mes traits exprimaient sans doute mes pensées, car, après avoir arrêté un instant ses regards sur moi :

— Parlez, Monsieur Charles, m'a-t-il dit, ne sommes-nous pas tous entre les mains de Dieu ? Le Seigneur me rappelle, n'est-ce pas?

Sa femme et ses filles ont fondu en larmes.

— Non, mon ami, non, ai-je répondu sans trop savoir moi-même ce que je disais; non, j'espère que non; mais il est à craindre qu'il ne faille.....

Ses pauvres filles me faisaient pitié. Sa malheureuse femme se tordait les mains dans l'angoisse.

— Je l'ai prévu dès le commencement, m'a-t-il dit avec tristesse, mais avec calme. Consolezvous, mes chères amies, a-t-il ajouté en posant une main sur la tête de ses filles, et en tendant l'autre à sa femme, est-ce que notre bon Dieu abandonnera ses enfants?

— Ce sera pour ce soir, ai-je dit alors; l'opération ne sera pas très douloureuse.

Les deux jeunes filles s'étaient agenouillées ; elles pleuraient silencieusement, dans les bras l'une de l'autre..... Thérèse soutenait son mari, et le regardait avec des yeux ou se peignait sa tendresse et sa résignation.

Alors, le croiriez vous, mes amis, j'ai entendu sortir de la bouche du pauvre malade cette parole que je venais d'entendre ailleurs, et dans une circonstance bien différente : « Seigneur, sois béni, s'est-il écrié. Oh ! oui, a-t-il ajouté, sois béni, et que ta volonté soit faite. »

Il y avait une telle confiance en Dieu sur les

traits de cet homme, que je suis sorti tout bouleversé.....

Charles se tut; et tous ceux qui entouraient la table se taisaient aussi.

Deux larmes coulaient le long des joues d'Hélène.

Pierre, appuyé sur ses mains qui couvraient son visage, restait immobile comme un bloc de rocher.

Maluit et Edouard bénissaient Dieu du fond de leur âme.

M. de Bolbec rompit enfin le silence.

— Le christianisme, dit-il avec un accent profondément senti, a une grande valeur, que jusqu'à présent nous n'avons pas appréciée, peut-être.....

— C'est une douce chose, dit Madame de Bolbec, une bien douce et bien consolante chose, que l'amour..... que l'amour de Dieu!

— Oh! Seigneur, apprends-nous à t'aimer! dit la douce voix d'Hélène.

Louise cacha son visage, baigné de larmes, dans le sein de Sara.

— Sara, dit-elle, je ferai ma première communion cette année.

XV

Deux voitures de voyage, tout attelées, station-
naient dans la cour de la grande maison.

Les domestiques empressés les chargeaient d'un
nombre suffisant de cartons et de malles.

Toutes les croisées ouvertes laissaient pénétrer
dans les chambres, où se faisait remarquer un
désordre inaccoutumé, l'air frais et pur d'une
belle matinée d'automne.

M. Maluit se promenait dans la cour avec Pierre
et Edouard. Il parlait du ton le plus affectueux,
et semblait leur adresser quelque exhortation pres-
sante.

Dans ses bureaux, M. de Bolbec dictait rapidement à M. David des instructions, que celui-ci re-
cueillait la plume à la main, en y joignant de temps
à autre des observations qui semblaient avoir toujours l'assentiment de son interlocuteur.

Les dames étaient réunies dans le salon et entouraient Madame Maluit, qui leur parlait en souriant et les larmes aux yeux.

Les usines n'envoyaient pas, ce jour-là, aux
arbres, leurs tourbillons accoutumés de flamme et

de fumée. La population tout entière du village remplissait l'avenue des forges, ou se pressait autour du bac.

La famille de Bolbec partait pour Paris.

— Que le Seigneur vous bénisse et vous accompagne, mes bons amis! disait Maluit, en aidant les dames à monter en voiture.

— Priez pour nous, cher pasteur!

— Que Dieu vous garde!

— Pensez à vos amis!

— Revenez-nous bien vite!

— Adieu! adieu!

Les voitures s'ébranlèrent, et s'avancèrent lentement dans l'avenue.....

A chaque pas, c'étaient des témoignages d'affection et de regret auxquels on répondait par des salutations amicales et des paroles de bénédiction.

Arrivés au bac, les hommes serrèrent la main à ceux qui étaient le plus près d'eux; les dames distribuèrent leurs derniers sourires.

— Adieu, mes enfants, dit M. de Bolbec; je ne vous recommande pas nos intérêts, c'est inutile!... mais soyez sûrs que je veillerai à vos besoins.....

— Et que, de près comme de loin, nous sommes vos amis, ajouta Pierre.

Le bac s'éloigna du rivage, et quelques minutes après, les voitures étaient emportées au galop sur la route de Cahors.

— C'est bien triste, de partir! dit Louise.

Cette observation resta sans réponse.

Madame de Bolbec soupira.

Hélène regardait les feuilles jaunies qui jonchaient déjà les bords du chemin, quoique la saison fût encore peu avancée.

M. de Bolbec calculait l'espace qu'en voyageant toujours du même train, on pourrait parcourir avant la fin de la journée.

Dans la seconde voiture, Pierre pensait à son pauvre vieux domestique, qui manquait pour la première fois à l'un de ses voyages.

Charles méditait sur le meilleur moyen de communiquer à ses jeunes confrères la résolution qu'il avait prise d'être chrétien désormais.

Edouard et Sara quittaient avec regret des lieux où ils avaient passé ensemble de si douces heures, et se consultaient sur le moyen qu'ils pouvaient prendre pour vivre à Paris comme ils vivaient à Bolbecville.

Peu de jours après, à l'entrée de la nuit, l'hôtel de Bolbec, resplendissant à toutes ses croisées, annonçait à tout le voisinage que ses riches propriétaires étaient de retour.

La maison du pasteur respirait toujours le calme et la paix.

M. et Madame Maluit, entièrement dévoués à l'œuvre que Dieu leur avait confiée, menaient une vie si active, et leurs journées s'écoulaient si bien remplies, que l'absence de leurs amis, quoiqu'elle leur causât de vifs regrets, ne pouvait laisser dans leur existence ni vide, ni ennui.

Le Seigneur n'avait-il pas pour eux peuplé la solitude et fait fleurir le désert?

Cependant, quand le courrier de Paris s'arrêtait au bac du village et y laissait une lettre pour M. Maluit, un zélé messager partait aussitôt pour le presbytère, bien sûr de la joie qu'il allait causer à ses habitants.

Sara écrivait un jour à Madame Maluit :

« Ma chère Elisabeth, voilà bien des jours écoulés pendant lesquels je voulais vous écrire ; mais, hélas! les heures passent si vite, au milieu de ce tourbillon de plaisirs et d'affaires dans lequel nous vivons, et qui nous emporte!

« Oh! qui me rendra mes douces heures de Bolbecville, et nos aimables entretiens, et nos prières!...

« Que l'esprit du Seigneur soit sur moi!... Je sens que je retombe quelquefois dans mes anciennes idées.

« Je me suis surprise discutant en moi-même la légitimité d'une certaine manière de vivre à laquelle je croyais avoir renoncé pour toujours.

« Nous avons reçu dernièrement la visite d'un monsieur et d'une dame que l'on nous avait dit très exaltés, très *exclusifs* (mais c'est ainsi qu'on appelle généralement autour de nous toutes les personnes pieuses); et comme, après une courte conversation, que M. et Madame Domont ont su diriger avec beaucoup de tact sur les choses religieuses, ils ont reconnu qu'il y avait dans la famille au moins quelques personnes dont les opinions sympathisaient avec les leurs, ils nous ont, à ma grande satisfaction, parlé des moyens nombreux d'édification qui se trouvent à Paris, confirmant toutes les choses qu'Edouard m'avait dites, mais que je n'ai pu encore éprouver moi-même.

« M. et Madame Domont sont très aimables..... je voudrais les voir souvent.

« Que n'êtes-vous ici, Elisabeth ! Je serais non-seulement plus heureuse, mais plus certaine de ne pas m'écarter de la fidélité que je dois à mon Sauveur.

« J'ai été forcée d'aller déjà quelquefois dans le monde..... Mon père dit que la religion ne dispense pas des devoirs de la société..... et vous savez bien qu'il faut obéir à son père.

« Edouard seul, dans la maison, se met au-dessus de toutes les obligations que notre position nous impose; mais il a pour excuse son état, qui l'occupe beaucoup, et cette liberté dont jouissent les jeunes gens..... Et puis, est-il sûr qu'il a bien fait de se choisir une société toute différente de la nôtre? N'est-ce pas se séparer de nous, et perdre l'occasion de faire du bien à sa famille ?

« Il a voulu me conduire dans plusieurs maisons que j'aimerais bien à visiter ; mais je n'ai pas osé en parler à ma mère, ni à Hélène.

« Cette pauvre Hélène, vous savez, mon amie, veut toujours être chrétienne ; mais elle a repris toute sa folle gaieté. Elle dit qu'on peut être chrétienne et gaie, ce qui est vrai, sans doute ; mais je crains bien qu'elle ne confonde le contentement d'esprit avec la folie.

« J'ai comme un poids sur le cœur, chère Elisabeth. Je lis ma Bible et je prie ; mais je ne suis pas heureuse comme à Bolbecville.

« Puissent ces mois d'hiver s'écouler vite, et les premiers souffles du printemps nous pousser vers vous !... »

. . . .

Un mois plus tard, Edouard écrivait à M. Maluit :

« Que le Seigneur vous bénisse, mon cher pasteur, et que sa paix vous soit de plus en plus multipliée.

« Les choses les plus réjouissantes se passent ici, et le nombre des âmes converties augmente sans cesse.

« Prions, cher ami, prions pour que le Seigneur répande abondamment son esprit sur son Eglise, et qu'il rassemble ses élus des quatre vents du ciel !

« Je me réjouis devant Dieu, avec une véritable joie, de l'avancement de son règne et des choses merveilleuses qu'il nous est donné de voir..... Et cependant, mon cher pasteur..... à qui le dirai-je après Dieu, si ce n'est à vous ?... j'ai le cœur profondément triste, car mes espérances, hélas! s'envolent une à une.

« Je vous dirai mes afflictions, et vous me donnerez vos prières..... Non, Seigneur, je ne me lasserai pas de prier et d'attendre ; car, toi, tu ne te lasses pas de bénir.....

« Pourquoi avons-nous quitté Bolbecville? Pourquoi cette idée, qu'a eue un instant mon père, de s'y fixer définitivement, a-t-elle été remplacée par une autre?... Oh! que Dieu fasse tourner ce mal en bien!...

« Qu'elles étaient belles, nos espérances! Tous nos amis paraissaient venir à Dieu. La religion, quoiqu'elle ne fût pas encore également bien comprise par tous, était devenue la pensée, l'occupation habituelle de chacun.

« Quelques gouttes de cette eau précieuse qui désaltère en vie éternelle, étaient tombées sur eux comme une rosée céleste, et leur âme s'ouvrait sous les rayons doux et chauds de la grâce.

« Hélas! je voudrais en vain me le cacher à moi-même, le monde les reprend.

« Mon pauvre père, toujours à son comptoir ou à la Bourse, a compris que le christianisme a, lui aussi, une grande valeur. Cette idée lui reste : puisse le Seigneur la féconder dans son amour! Mais son âme entière est absorbée par le soin des affaires, les spéculations commerciales, le désir d'augmenter son immense fortune.

« Ma mère, si bonne et si affectueuse, dont l'âme goûterait si bien l'amour de Dieu, s'inquiète tant pour ses enfants, pense tant à eux, à leur bonheur, à leur avantage, à leurs succès, les aime tant et prie tant pour eux, qu'il est à craindre qu'elle n'ait mis « tout son cœur » où elle voit « son seul « trésor. »

« Charles a été fort mal reçu dans la déclaration

que sa franchise et que sa loyauté l'ont porté à faire à ses amis. Il soutient encore contre eux son opinion, par amour-propre; mais comme ces messieurs, au lieu de discuter sérieusement, traitent les questions religieuses du haut de leur orgueil scientifique, Charles est forcé de s'occuper presque exclusivement des questions médicales qu'on lui propose; et la haute pensée qu'il avait reçue dans son intelligence redescend peu à peu à leur niveau.

« Mon oncle est devenu beaucoup plus sérieux, presque triste. Il y a au dedans de son cœur quelque chose qui le travaille; mais l'attrait qu'il trouvait à Bolbecville à s'entretenir des choses religieuses, paraît s'être effacé. Son esprit a repris sa pente habituelle.

« Un de ses collègues de l'Institut a attaqué une opinion avancée par lui sur une question obscure d'histoire naturelle. Ceci a été comme une étincelle sur un monceau de poudre.

« Je ne sais ce qui se passe au fond de son âme, mais à l'extérieur, le savant se montre seul.

« Hélène et Sara passent leurs jours dans les plaisirs et dans les fêtes.

« Elles sont l'ornement d'une brillante société qui les encense et les enivre..... Pauvres enfants!

« Je leur parlais l'autre jour des demoiselles David et de ce que vous me disiez de cette famille. A ce nom, tous les sentiments qui nous ont tant réjouis en elles, ont paru se réveiller.

« Hélène m'a adressé rapidement plusieurs questions sur ses amis de Bolbecville.

« Sara est demeurée silencieuse quelques instants ; puis, avec un sourire où brillait une larme :
« — Oh ! m'a-t-elle dit, que nous étions heureux
« là ! — On est heureux, lui ai-je répondu en
« l'embrassant, partout où l'on est avec Dieu. »

« Elle a baissé la tête en rougissant beaucoup.

« Hélas ! mon cher ami, Louise elle-même trouve qu'elle sera beaucoup plus tranquille à Bolbecville pour faire sa première communion.....

« Vous le voyez, mon cher pasteur, chacun de nos amis a retrouvé *son obstacle*, son eau dont il boit à longs traits et qui le laissera « ayant encore « soif, » dit notre divin Sauveur.

« Oh qu'il y mette, lui, et sa main et sa grâce !

. . . . »

Après cette lecture, Maluit, péniblement affecté, cacha son visage dans ses mains et resta plongé dans de tristes réflexions.....

Il en fut tiré par la douce voix d'Elisabeth :

— Mon ami, lui disait-elle, *Celui qui a commencé cette œuvre*, malgré toutes les séductions et tous les obstacles du monde, *ne l'achèvera-t-il pas ?*

FIN.

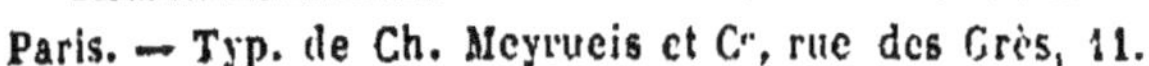

Paris. — Typ. de Ch. Meyrueis et Cⁱᵉ, rue des Grès, 11.